理论思维的起点决定着理论创新的结果。理论创新只能从问题开始。从某种意义上说，理论创新的过程就是发现问题、筛选问题、研究问题、解决问题的过程。马克思曾深刻指出："主要的困难不是答案，而是问题。""问题就是时代的口号，是它表现自己精神状态的最实际的呼声。"

——2016 年 5 月 17 日，
习近平总书记在哲学社会科学工作座谈会上的讲话

马克思主义是我们立党立国的根本指导思想。

——2016 年 7 月 1 日，
习近平总书记在庆祝中国共产党成立95 周年大会上的讲话

卡 尔 · 马 克 思

纪 念 版

韩毓海 ——————————————————— 著

人民出版社　　中国少年儿童新闻出版总社　　中国少年儿童出版社

目
录

马克思是谁？

他做了什么？

他对我们今天的生活有什么意义？

这就是本书要讲述的内容。

马克思说过，人们并不是像唯心主义所声称的那样"自己创造自己本身"，而是在生活和精神上"互相创造着"。因此，我也由衷希望能够在读者、编者和作者的互动中，共同"创造"这本书，希望大家一起来完成这项工作，而不使这本书沦为作者一个人的"独白"。

不妨想象一下这样的工作方式：就像建立一个"微信群"一样，我们把马克思推为"群主"，因为马克思原本就是全世界劳动群众的领袖。

那么，从现在起，就让我们与"群主"——全世界劳动群众的领袖卡尔·马克思一起思考、探讨、工作吧！

"万事开头难。"

世上最难以回答的问题，其实就是上述那种看似最简单的东西。而那三个问题就是如此，它们看似极简单平易，实则浑然天成，因此一时使人不知从何说起。

我想，回答这三个问题的唯一正确方法，只能是从第二个问题出发。

实际上，上述三个问题中的第二个，即"马克思究竟做了什么"最为重要，因为它简明扼要、通俗易懂地说明了什么是"唯物主义"。

于是，本书一开头就要抛出的"见解"便是：所谓"唯物主义"，并不是"物质"或者"经济"决定一切的意思——尽管那是人们对于唯物论的惯常理解。

在我看来，"唯物主义"其实是这样一种朴素的态度：即我们看一个人，不是看他做了多大的官、赚了多少钱、是否赢得了生前身后名。马克思说：我们评价一个人，不是从"迄今为止人们总是为自己造出关于自己本身、关于自己是何物或应当成为何物的种种虚假观念"出发，不是"按照自己关于神、关于标准人等等观念来建立自己的关系"——简而言之，我们评价一个人的唯一正确方法，其实就是看他是否肯"做事"、是否做了事，以及他究竟做了什么事。

邓小平 73 岁第三次复出时，说过这样一段名言："我出来工作，可以有两种态度，一个是做官，一个是做点工作。我想，谁叫你当共产党人呢。既然当了，就不能够做官，不能够有私心杂念，不能够有别的选择。"

很多人为这段话而感动进而被震撼，却说不出感动和震撼的理由，于是他们只能说："很感动啊很感动，而且，真的很震撼！"实际上，这段话之所以令人感动，就因为它简明扼要地表达了历史唯物主义的基本态度，发自肺腑地表达了共产党员的世界观；其真正的动人之处，就在于当年已 73 岁的"邓大人"，在唯心史观和唯物史观之间，坚定地选择了后者，义无反顾地抛弃了前者，即在"做官"与"做事"之间，他选择了"做事"，选择做一个"劳动者"——因为在马克思那里，政治工作也是一项劳动，是普通劳动者也能承担的工作，因而，邓小平才将它称为"做点工作"。

论及唯物主义，也许有人马上会说：等着瞧吧，一大篇抽象的理论教条就要来啦！的确，某些以马克思为题的书之所以使读者感到头疼，以至于沦为毛泽东所批判的"面目可憎"的八股，往往就是因为作者绕来绕去，不能直面、说清楚那些最简单的马克思主义道理。

如果现在有人"叫板"说：难道你能避免八股吗？难道你能用一句话，就把什么是"唯物论"说明白吗？

我想，倘冒险一试，用一句话来概括唯物主义，那么这句话就是：人，只能通过"行动"和"做事"，即通过现实的"劳动"来表现自己；人，就是人的活动方式。

如果"胆子再大一点"，我甚至还可以用一个词来说明什么是唯物主义，而这个词便是"做事"——当然，把它换成"人的活动方式"，换成"生产活动"，换成"劳动"，换成邓小平所说的"做点工作"，其实也是完全一样的。

关于唯物论，马克思自己这样写道：

> 更确切地说，它是这些个人的一定的活动方式，是他们表现自己生命的一定方式、他们的一定的生活方式。个人怎样表现自己的生命，他们自己就是怎样。因此，他们是什么样的，这同他们的生产是一致的——既和他们生产什么一致，又和他们怎样生产一致。①

---

① 《马克思恩格斯文集》第 1 卷，人民出版社 2009 年版，第 520 页。

第一次遭遇马克思的这段话，它带给我的，便是醍醐灌顶般的感受，毫不夸张地说，正是这段话使我获得了"解放"。此前，我一直不知道究竟该怎样做人、应该做什么样的人，甚至一直在为"我是谁"而苦恼，而从那之后，我方才知道：只要去尽心竭力、踏踏实实"做事"就可以了，从此不必再为名和利、再为权和钱、再为"永垂不朽"、再为诸如此类那些"唯心主义"的傻问题去自寻烦恼。

　　当然，唯物主义并非马克思的发明，在马克思之前，已经有各种各样的唯物主义者，马克思的唯物主义，是在扬弃费尔巴哈的唯物主义的基础上，更确切地说，是在扬弃了整个旧哲学范式的意义上产生的。

　　马克思把费尔巴哈的唯物主义称为"直观的唯物主义"，而把自己的唯物主义称为"实践的唯物主义"。

　　费尔巴哈认为人是自然的产物，人有感觉，能感受到自然和他人，从而产生了"需求"。爱，就植根于个体对于自然和他人的需求，因此，爱，乃是人类最天然的本质——因为人生来就知道爱，因为爱是人类最自然的感情，所以，爱是不用上帝教诲就自然知道的事情。于是，费尔巴哈批判了上帝的宗教，从而建立了"爱的宗教"。

　　在他看来，人类历史就是一部爱的发展史。

　　马克思不同意这种看法，他认为，人的历史，首先是人类的能力不断壮大的历史，在这个方面，他显然受到了文艺复兴时代的影响。马基雅维利——马克思曾经称赞过的《君主论》的作者认为，追求发展与壮大，乃是人类之本能。而在马克思之后，尼采把这种追求理解为"权力意志"，弗洛伊德将其理解为"欲望"，而马克思则把人的能力的增长，理解为"生产力"的发展。

　　但是，人类的历史不仅是生产力发展的历史，不仅是人的能力不断增长的历史，而且还是人的需求方式不断发展的历史。与费尔巴哈不同，马克思认为：人的需求，不仅是我对他人的需求，而且也是他人对我的需求，因此是人们之间的互相需求，正是依据这种互相需求，人们建立了社会关系，在劳动中进行了社会分工。

不过，马克思认为，这种社会分工、这种社会关系一旦形成，就会因为政治的强化、文化习俗的潜移默化而被固化，结果，就形成了种种的社会束缚和社会偏见：有人天生是干这个的，有人天生是干那个的；这个只有他能干，这个他不能干，如此等等。总而言之，社会关系和社会分工一旦固化，就会压制人的能力的发展，而如果用马克思那个最经典的说法就是：生产关系会阻碍生产力的发展。马克思认为，当着这个时候，就需要进行社会革命。

爱不能改变世界，而人类的生产能力，是人类能力的最集中体现，它能够改变世界，能够改变需求、创造需求，因此也能够改革人与人之间的关系。马克思曾这样嘲讽过费尔巴哈：

> 也就是说，除了爱与友情，而且是理想化了的爱与友情以外，他不知道"人与人之间"还有什么其他的"人的关系"。他没有批判现在的爱的关系。可见，他从来没有把感性世界理解为构成这一世界的个人的全部活生生的感性活动……正是在共产主义的唯物主义者看到改造工业和社会结构的必要性和条件的地方，他却重新陷入唯心主义。[1]

像马基雅维利那样，马克思认为，人类历史，就是人的能力不断发展的历史，而人的能力是在改造外部自然、建构感性世界的同时又改造

---

[1] 《马克思恩格斯选集》第 1 卷，人民出版社 2012 年版，第 157—158 页。

着自身这样一个二重化过程中焕发出来的。因此，历史是在矛盾中发展的，有矛盾，就有斗争，如果把这种斗争形式以经济学的术语来表达，这就是"总供给"与"总需求"之间的斗争，而用政治经济学的术语来说，这就是为了推动生产力发展而进行的"阶级斗争"。

马克思主义的唯物主义者，是不能回避矛盾、回避斗争的，如果一个人明哲保身、无所作为，一辈子就是"今天天气哈哈哈"——且大言不惭地把"无为"（无所作为）当作人生的极高智慧，那么，这样的人就是一个庸人，是一个历史的看客，用咱们老百姓的话来说：他就是个"混日子的人"，这样的人白活了。

什么叫作唯物主义的基本立场、基本态度？这是马克思用一句话便告诉我们的东西：

个人怎样表现自己的生命，他们自己就是怎样。①

为什么我们今天需要马克思？为什么我们今天特别需要唯物主义的基本态度？

因为我们这个时代，最需要脚踏实地"做事"的精神，最需要不计名利得失的"担当"品格。

更因为鲁迅这样说过：咱们中国人最大的毛病就是喜欢当"看客"，从历史上看，咱们这里往往是袖手旁观的"聪明人"多，脚踏实地的"行动者"、"实干家"、落在最后跑而不止的"傻子"少。而这也正是马克思对当年德国的批评：在德国，夸夸其谈的"黑格尔派"哲学家太多了，脚踏实地的劳动者太少了；"词句"上的批判太多了，现实中的斗争太少了。

---

① 《马克思恩格斯文集》第 1 卷，人民出版社 2009 年版，第 520 页。

而所谓"历史虚无主义",正表现了这样一种"看客"的姿态,即我不作为、不行动、不劳动、不工作、不奋斗,因此我也就不会犯错误。于是,我唯一的工作就是"不工作",就是夸夸其谈,就是"用词句来反对词句",而在现实中逃避和偷懒,这样我就可以随心所欲地按照"关于神、关于标准人的种种虚假观念"去"呲必中国"、"呲必前人"、"呲必秦皇汉武",呲必一切在现实生活中埋头拉车的人,呲必那些埋头苦干的人、拼命硬干的人,呲必那些在凄风苦雨中一次次跌倒又一次次爬起来的人。

这样的"看客"研究历史,也无非就是处心积虑地去揭秦皇汉武、马克思、毛泽东的疮疤,然后得意扬扬地说:你瞧瞧,马克思无非就是个大傻瓜,他一身都是创伤,而我则是多么完美啊!

鲁迅把这种人称为"苍蝇",他们嗡嗡地叫着,不过是为了满足一个庸人、一个看客的心理。

而马克思则讽刺地说:"这些自以为是狼,也被人看成是狼的绵羊","他们的咩咩叫声",只不过是同现实的影子所作的斗争,只不过是精神萎靡、丧失创造历史的斗志的现状的反映。

马克思的著作,绝不属于这些"看客"和"聪明人"。马克思的书是写给那些脚踏实地"做事"的人的指南,是现实中的劳动者和斗争者的教材。而唯物论的出发点就是现实中活动着的人、工作着的人、劳动着的人,就是那些"做事"的人、斗争着的人——就是那些在凄风苦雨中一次次跌倒又一次次爬起来的"最被污蔑和诽谤的人"。

鲁迅这样说过:

战士战死了的时候,苍蝇们首先发现的是他的缺点和伤痕,嘬着,营营地叫着,以为得意,以为比死了的战士更英雄。但是战士已经战死了,不再来挥去他们。于是乎苍蝇们即更其营营地叫,自以为倒是不朽的声音，因为它们的完全，远在战士之上。

　　的确的，谁也没有发现过苍蝇们的缺点和创伤。

　　然而，有缺点的战士终究是战士，完美的苍蝇也终究不过是苍蝇。

　　去罢苍蝇们！虽然生着翅子，还能营营，总不会超过战士的。你们这些虫豸们！①

　　而对那些"看客"和"苍蝇"，马克思的回答是："任何的科学批评的意见我都是欢迎的。而对于我从来就不让步的所谓舆论的偏见，我仍然遵守伟大的佛罗伦萨人的格言：走你的路，让人们去说罢！"②

　　青年时代的马克思，在一首叫作《感想》的诗篇中曾经这样写道：

　　　　在遏止不住的运动中
　　　　太空把一切侵吞，
　　　　从毁灭的废墟里
　　　　一个新世界在诞生。
　　　　……
　　　　好吧，就让我们踏上
　　　　艰苦而漫长的路程，
　　　　不去过枯燥乏味生活，
　　　　不要饱食终日一无所成。
　　　　我们不得过且过，虚度时光，

---

① 鲁迅：《战士与苍蝇》，载《鲁迅全集》第三卷，人民文学出版社 2005 年版，第 40—41 页。
② 《马克思恩格斯文集》第 5 卷，人民出版社 2009 年版，第 13 页。

俯首听命于那可耻的懒散，

一个人有充分的权力，

去表现他的果敢、渴望。①

"知者行之始，行者知之成；圣学只一个功夫，知行不可分为两事。"没有经过"做事"历练的人，没有用自己的脚掌证实心脏的人，没有把动脑与动手密切结合在一起的人，便不可能是一个真正有知识的人，甚至不可能是一个活着的、现实的人。这样的人，一般而言，对于世界也就不可能采取唯物主义的立场与态度。

总体来说，马克思是个现实的乐观主义者：说他是乐观主义者，是因为他把人类历史理解为人的能力不断提升、人的社会关系逐步改善的历史；说他是现实的乐观主义者，是因为他认为人自身和人类社会的发展不是一种良好愿望，也不是基于爱能够达成的，而是因为人有创造历史的现实手段。

马克思说过：

只有在现实的世界中并使用现实的手段才能实现真正的解放；没有蒸汽机和珍妮走锭精纺机就不能消灭奴隶制；没有改良的农业就不能消灭农奴制；当人们还不能使自己的吃喝住穿在质和量方面得到充分保证的时候，人们就根本不能获得解放。"解放"是一种历史活动，不是思想活动，"解放"是由历史的关系，是由工业状况、商业状况、农业状况、交往状况促成的。②

① 《马克思恩格斯全集》第40卷，人民出版社1982年版，第456、457页。
② 《马克思恩格斯文集》第1卷，人民出版社2009年版，第527页。

而像我这样，在 20 世纪"思想解放运动"中成长起来的人文知识分子，特别需要认真汲取马克思这段话的教诲。因为对于我们而言，"人文精神"和"思想解放"就曾是一句神圣的口号或者信仰。如果我们还欲求前进、不为时代所抛弃，那就必须从现在起，老老实实地补上唯物主义这门功课，以争取能够活到老、学到老、工作到老——"发愤忘食，乐以忘忧，不知老之将至云尔"。

　　"全部人类历史的第一个前提无疑是有生命的个人的存在"，即现实中做事的人、劳动的人、斗争的人，这就是唯物论极朴素的出发点。而某一时代人们做事能力的"总和"，构成了该时代的"生产力"，做事的人们之间的关系，则构成了"生产关系"。马克思主义学说的大厦，便是从这个朴实无华的基石上拔地而起的。

　　唯物主义、共产主义、分析社会运动的方法、资本的学说——这一切从来都不是什么抽象的理论和教条，实际上，它教给我们的，无非皆是朴实无华的"做事"和"做人"的道理。而对现实中的普通劳动者来说，马克思主义是否"高大上"从来都不重要，重要的只是这种学说能为普通劳动者所掌握、所理解，重要的只是马克思的伟大思想能够为更多的人所懂得、所热爱。

　　为了达到这个目的，本书的出版者和我一致认为：必须使我们的叙述更加浅显坦白，更为重要的是，必须使马克思主义关乎 21 世纪的世道人心。对马克思伟大的事业而言，本书的内容当然是极其微不足道的。但是，我相信：这就是马克思曾经致力过、希冀过的工作。

　　凡做事者，必"把小事当大事干，一步一个脚印往前走"，不积跬步，无以至千里。

　　那么，从现在起，就让我们追随马克思的足迹，迈出第一步吧！

第一章

马克思究竟是哪里人？

要避免使马克思主义沦为教条，就必须对马克思这个人采用马克思主义的态度——凡事都需研究，都需要问一个"为什么"。

马克思生于 1818 年 5 月 5 日，他是德国人吗？这正是个问题。

实际上，马克思出生的时候，还没有德国这个国家呢（统一的德意志帝国成立于 1871 年）！那么，马克思是普鲁士人吗？可如今普鲁士这个国家早就不存在了（第二次世界大战结束后，连德国的普鲁士省也被取消了）。

公元 3—4 世纪以来，罗马帝国的边境日益遭到来自日耳曼人和匈奴人的侵袭。公元 410 年，正是中国所谓"五胡乱华"时期，西哥特人首领阿拉里克在 4 万奴隶和数万"蛮族"出身的罗马士兵的配合下，攻破了此前历时八百多年从未陷于敌手的罗马城。公元 476 年，日耳曼雇佣兵将领奥多亚克废黜了西罗马帝国的最后一个皇帝——罗慕路·奥古斯都，西罗马帝国就此宣告彻底灭亡！正是伴随着西罗马帝国的衰亡，裘特人、盎格鲁人和撒克逊人先后入侵不列颠，法兰克人进入高卢不断扩张，前者构成了英格兰的起源而后者所建立的法兰克王国构成了德国、法国和意大利的前身。

公元 911 年，东法兰克国王路易逝世后，加洛林王朝在东法兰克王国的统治便终止了，这一历史事实一般被认为是德意志作为独立封建国家的开始。至公元 962 年，德意志鄂图一世接受教皇加冕为"神圣罗马帝国皇帝"，这一所谓的神圣罗马帝国，实际是诸封建领地的一个松散联合。在这种松散的联合中，其中最强大的公国是普鲁士和奥地利，而特里尔大主教则是神圣罗马帝国的七个选帝侯之一，直到 1806 年神圣罗马帝国被拿破仑所摧毁，世界上依然没有一个统一的德国。以至于歌德曾经这样感慨地说："德国究竟在哪里呢？当我们在柏林的时候，说的是普鲁士，当我们在维也纳的时候，说的则是奥地利。"

其实，就像卢梭[①] 不是法国人而是日内瓦人一样，马克思在成为"普鲁士人"之前，其家乡曾被法国吞并。

马克思的家乡特里尔，公元 293 年成为罗马帝国的西部首都[②]，但在随后的 1500 年中逐渐衰败，随后，这里又成为神圣罗马帝国的一部分，直到 1794 年 8 月 8 日拿破仑的军队开到这里，开始了轰轰烈烈的共和革命。1806 年，特里尔作为莱茵联邦的一部分，正式并入了法兰西共和国。

拿破仑是"共和主义"的象征，拿破仑怀抱着一个伟大梦想，这就是用希腊和罗马的共和制度，摧毁中世纪的封建教会制度。而"拿破仑的梦"，便是建立一个统一的"欧洲共和国"。其实，这也是当时最先进

[①] 让-雅克·卢梭（1712—1778），伟大的思想家、哲学家、教育家、文学家，18 世纪法国大革命的思想先驱。代表作有《论人类不平等的起源和基础》《爱弥尔》《忏悔录》等。

[②] 公元 293 年，罗马皇帝马克西米安发表声明，开始了历史上叫作"四帝共制"的时代，帝国西方"副帝"君士坦提乌斯·克洛鲁斯所辖区域，包括不列颠、高卢、西班牙，以及非洲西北部，首都即设在莱茵河支流摩泽尔河上游的特里尔。

的西方人的梦，少年马克思便深为这一理想所感染。少年时代的马克思，他的梦想并不是"全世界无产者，联合起来"，而是"全欧洲"在共和革命的旗帜下联合起来。

马克思是由一个"共和主义者"，或者"拿破仑主义者"，演变为社会主义和共产主义者的。

使拿破仑的"欧洲共和国"之梦破灭的是滑铁卢战役。英雄梦碎滑铁卢——至今人们还是用"遭遇滑铁卢"来表达人生梦碎的感受。

1815年6月，拿破仑在滑铁卢战役中被"反法联盟"打倒后，莱茵—特里尔这个地区方才沦为普鲁士的殖民地，因此马克思童年经历的是：莱茵地区的居民希望成为法国人，希望回到共和的法国去——因为他们怀念共和制度，反对普鲁士的君主专制制度。

实际上，滑铁卢战役的重大历史意义在于：它是历史上第一场资本家支配的战争，开辟了资本与军事强权联合统治的模式。

神圣罗马帝国的首都法兰克福，是为教皇征收什一税的中心，因此，在法兰克福诞生了欧洲最重要的银行家家族梅耶·阿姆谢尔·罗斯柴尔德家族，这个家族是作为欧洲各诸侯国货币的兑换者而崛起的。1814年，欧洲最大的银行家梅耶·阿姆谢尔·罗斯柴尔德的第三子内森（Nathan）担任了"反法联盟"的财务官（老罗斯柴尔德共有九个儿子，长大后分驻欧洲各地，其中内森负责家族在英国的生意），集全欧的资本之力与拿破仑的共和革命相对抗。关于滑铁卢战役有许多传说，其中就包括内森在战争胜负已见分晓时辞别战场，闯过风高浪大的英吉利海峡一路狂奔回家，大肆购买正在崩盘的英国股票，因为他知道"反法联盟"战胜的消息会极大抬升英国股票的价格。据称，他此举将1.35亿英镑收入囊中。

普鲁士虽侥幸赢得了战争，但财政却因此破产，遂不得不求助于罗斯柴尔德家族[1]，而后者发放贷款的条件却是以普鲁士皇家领土为抵押。

可见，最希望欧洲战乱不休、四分五裂的，就是投资战争、发战争财的就是教皇，而教皇挑起欧洲战乱的工具，就是为教会服务的金融家。滑铁卢战役改变了人类历史，从此之后，一切人类战争最终往往只会有一个赢家，即投资于战争的资本家集团。

实际上，比起创造了现代银行制度的美第奇家族[2]，来自法兰克福的罗斯柴尔德家族还算是迟到者。早在 1513 年，当尼科洛·马基雅维利[3] 撰写《君主论》这部西方社会科学的奠基之作时，他就已预见到了什么叫"资本家的统治"。马基雅维利说，意大利四分五裂的根源，就是罗马教皇，因为所有入侵意大利的蛮族，都是教皇勾引来的，而替教皇买通蛮族部落的，就是金融家族。时值意大利银行家美第奇家族以一万金币，买通了占领意大利的西班牙和教会联军，获得了佛罗伦萨的统治权，马基雅维利敏感于这种全新的统治形式，于是，他把美第奇家族称作"新君主"，对美第奇家族的这种称呼明显带有讽刺意味，因为

---

① 罗斯柴尔德家族，在欧洲乃至全世界声名远扬的金融家族，发迹于 19 世纪初，创始人梅耶·阿姆谢尔·罗斯柴尔德和他的五个儿子在世界各地开设银行，建立了自己的银行产业链，影响了整个欧洲乃至世界历史的发展。
② 美第奇家族是意大利佛罗伦萨著名的银行业家族，最主要代表为科西莫·美第奇和洛伦佐·美第奇。美第奇家族是佛罗伦萨 13 世纪至 17 世纪时期在欧洲拥有强大势力的名门望族，靠替教皇放债暴富。
③ 尼科洛·马基雅维利（1469—1527），出生于佛罗伦萨，意大利政治思想家和历史学家。在中世纪后期政治思想家中，他第一个明显地摆脱了神学和伦理学的束缚，为政治学和法学开辟了走向独立学科的道路。他主张国家至上，将国家权力作为法的基础。代表作《君主论》，其主要论为君之道，君主应具备哪些条件和本领，应该如何夺取政权和巩固政权。他是名副其实的近代政治思想的主要奠基人之一。

马基雅维利理想中的"君主"，应该是为了祖国的利益，可以牺牲自己的全部家当乃至声誉的人。而三百多年后，卡尔·马克思把这个"新君主"称为资产阶级专政。马克思说，在那里，国家已经沦为"管理整个资产阶级共同事务的委员会"。

马克思正是在"拿破仑梦碎"的历史时分诞生的。他的出生地特里尔，是古罗马的伤心地，也是拿破仑战争决战阶段的主战场。

马克思出生于罗马古都，而马基雅维利对罗马共和制衰亡教训的总结，想必令他终生难忘。马基雅维利在《李维史论》里这样指出：被放债者所绑架，这就是罗马帝国崩溃的原因。正是那些放债的巨富，使罗马公民感到：为私人寡头服务，比为国家服务、为公共事业服务获得的报酬更丰厚、奖赏更多，为国家而战、为共和而战，远不如为这些富人而战；与其保卫公共事业，还不如保卫富人的利益。当罗马的将军和士兵纷纷沦为这些巨富的债务人，他们就必然将公共利益、公共事业置之度外，俯首帖耳听命于自己的债主。罗马公民道德的崩溃、法律的崩溃，其根源就在于"城邦内部的巨大不平等"。

马克思少年时代就读的特里尔中学，至今还是德国著名的精英学校。少年时代即精通拉丁文和希腊文的马克思，自然是柏拉图《理想国》（直译为"共和国"）和亚里士多德《政治学》的热心读者，希腊和罗马的共和制度令他向往，而当拿破仑的"新共和"被银行家支配的联军所击溃，普鲁士乃至整个欧洲被罗斯柴尔德家族所绑架，这少年时代目睹的变故，想必也给马克思上了宝贵的"人生第一课"。

多年后的 1852 年，三十出头的马克思写下了《路易·波拿巴的雾月十八日》，系统地总结了从古罗马到拿破仑"共和"所走过的波澜壮阔的历程。这篇文献，成为研究西方政治史的经典之作。

拿破仑的失败，主要是由于他对教皇和教廷缺乏深刻理解，因为在拿破仑看来，教皇只是一个偶像，甚至只不过是一个可以被皇帝摆布的木偶，拿破仑并不明白，教皇是一个"理念"，这个理念不仅产生象征符号，而且这个理念可以把虔信转变为信用，这就是为什么教皇和教廷不仅生产宗教符号，也生产货币，因为上帝就是欧洲货币的基础。

在马克思看来，拿破仑的共和革命，没有触及资本的领域，这是他的根本局限所在。

法国和英国的资产阶级，希望把统治建立在社会领域的基础之上——这个领域由商品生产者构成，而这就是英国工业革命和法国资产阶级革命的意义和目标所在。

但是，正像马克思后来在他的工作中所揭示的那样：这两场革命，却都没有触及"货币生产领域"，当时的欧洲政治经济学还十分年轻，它所关注的就是"商品的生产与交换"，而对于"货币的生产与交换"的思考与研究，依然还是一片空白，或者说，对于货币的生产与交换，控制在教廷和罗斯柴尔德这样的家族手里的这一事实，还一无所知。

拿破仑的失败（以及他的侄子波拿巴的成功），恰恰就说明了这样一个道理：英国工业革命、法国大革命和德国的思想革命，都不过是致力于建立一个由商品生产者和交换者构成的"社会"，并使这个社会领域，成为欧洲政治秩序的基础，但是，他们却都没有触及欧洲的"货币生产与交换"的领域，于是，在这些革命胜利或失败的地方，站起来的并不是"社会"，而是"货币生产交换领域"对"商品生产交换领域"——对于"社会"的统治。而在很久之后，马克思把这种统治形式，称为"资本对于社会的统治"。

人类社会对于货币生产与货币交换的思考，即马克思所谓"以货币形式为完成形态的价值形式"的思考，是很晚才起步的，实际上，这就是马克思的《资本论》所作出的开创性贡献。

马克思《资本论》的第一卷是对商品生产和交换与资本积累关系的反思，第二卷论述的则是货币流通，第三卷讨论的是货币生产和交换与资本积累的关系，而马克思是在很晚的时候，才构筑起这样一个经济学的崭新体系的。

马克思是在拿破仑运动失败的地方，开始重新思考欧洲的资产阶级革命的。

回过来说，现代共和制的缔造者是拿破仑。法国大革命的"共和主义"席卷欧洲，1794年，拿破仑的军队开进莱茵河流域，对那里的封建制度进行了民主改革。法军的这些改革，使备受歧视的犹太人的社会地位得到了较全面的改善。在此之前，犹太人的居住地受限制，选择职业也受限制，比如犹太人过去是不能从政、当兵，不能从事律师这种职业的，拿破仑来了，这些禁令被废除了。拿破仑的解放法令还规定犹太人应遵守公民姓氏规范，在从军和从政时，要用家族名字而不是父亲的名字来称呼自己，因为历史上，大部分犹太人是采用"父亲的名字加前缀"的方式，来作为自己的姓氏的。而这也就是卡尔·马克思的父系祖先并不姓"马克思"的原因——实际上，这个家族只是从马克思的父辈起，才根据《拿破仑法典》选择了"马克思"作为成员的姓氏。

特里尔的英俊少年卡尔·海因里希成为了"马克思"，这并不是天然的。正是拿破仑的解放法令，使特里尔城的犹太人能够作为"公民"享受与法国人一样的权利。这种解放之于犹太人，与20世纪60年代美国民权运动之于有色人种的意义完全一样，所以，许多犹太思想家都是崇拜拿破仑的，除了马克思之外，拿破仑在哲学家中的拥趸还包括黑格尔，当然也包括尼采。①

尼采在《论道德的谱系》中认为，马基雅维利所渴盼的"新君主"不是任何人，就是拿破仑，因为马基雅维利所谓的"君主"，应该是国家与人民的中介，它能把人民凝聚为"精神"，使"精神"落实为"国家"。"君主"是"美德"（Vurte）的化身，而要使"贱民"、"臣民"成为"公民"，要使"献身于公共事业"的罗马共和精神再度复活，而不再是飘荡的幽灵，就需要一个实践这种精神的人去唤醒沉睡的欧洲。而罗马帝国崩溃后，欧洲就被基督教和犹太教的"奴隶道德"所麻醉，直到再次产生了一个具有罗马共和精神的"悲剧英雄"，他代表"主人道德"，这个悲剧英雄就是拿破仑。尼采说："拿破仑是那个时代最孤独的人，是出生太晚、生不逢时的人。高贵理想问题已经化作拿破仑的肉身。人们或许应当想一想，这是个什么问题，拿破仑，这个非人和超人的问题……"

尼采这段名言的意思是：在基督教和资产阶级所造成的"个人主义"占统治地位的时代，拿破仑却想恢复罗马人那种公共的精神，复活那种为共同体而献身的"美德"，可惜，他出生太晚、生不逢时。拿破仑是逝去的罗马美德和理想的化身，是一个伟大的"悲剧英雄"。

实际上，欧洲统一的梦想，只是随着 1991 年 12 月《马斯特里赫特条约》的签署才初步落实。战乱分裂的欧洲走向统一，其间经历了两百多年的坎坷历程。拿破仑的确是悲剧英雄，因为相对于罗马，拿破仑出生得太晚，而相对于今天的"欧盟"来说，他出生得又太早了。

但是，今天的欧盟又如何呢？它同样遇到了一个新的"教皇"，那就是美国，它也同样遭遇了一个新的金融集团，这便是华尔街。它们都

---

① 弗里德里希·威廉·尼采（1844—1900），德国著名哲学家，西方现代哲学的开创者，优秀的诗人、散文家。代表作有《悲剧的诞生》《不合时宜的考察》《权力意志》等。

乐见欧洲的分裂。从某种意义上，今天欧洲的历史，就是昨日的重现。

拿破仑在滑铁卢战役中被英国、荷兰、普鲁士联军打败后，莱茵地区归了普鲁士，特里尔的犹太人就开始遭受迫害，包括屈从于禁止他们担任公职的法令。马克思的父亲海因里希·马克思为了当律师，就不得不改宗路德教，这使他非常怀念拿破仑。卡尔·马克思幼年时期，父亲就经常给这个天才的儿子大声朗诵伏尔泰①和卢梭的作品。马克思的女儿爱琳娜说，马克思的父亲是一个真正的 18 世纪的法国人，他从心眼里了解他的伏尔泰、卢梭，他一直说他自己就是法国人。

1834 年 1 月 25 日，马克思的父亲亨利希，偶然在俱乐部的酒桌上喝得太嗨，于是，他便与 15 名会员在赌场放声高唱革命歌曲波兰国歌，随着情绪越发高涨，他们不断起立，反复演唱《马赛曲》的德文版，并拍打酒桌，挥舞三色手帕，一时仿佛大革命重现，此举立即被一名普鲁士军官举报，事后虽勉强搪塞过关，但却在当局留下了案底。

而当父亲"酒后吐真言"事件发生时，卡尔·马克思一年半之后就将从特里尔中学毕业。毫无疑问，这一轰动特里尔全城的事件，使马克思对自豪地顶着司法委员会委员头衔、受人尊敬的父亲获得了重新认识。

在整个青少年时代，马克思都是认同共和革命的法兰西而拒斥专制保守的普鲁士的。正像贝多芬将他的《英雄》交响乐献给拿破仑一样，马克思青年时代也把一首题为《陵墓曲》的抒情长诗献给自己的偶像拿破仑，诗中充满了欢乐与斗争的激情。

---

① 伏尔泰（1694—1778），法国启蒙思想家、文学家、哲学家、史学家，18 世纪法国资产阶级启蒙运动的旗手，被誉为"法兰西思想之王"、"法兰西最优秀的诗人"、"欧洲的良心"。代表作有《哲学通信》《路易十四时代》《老实人》《形而上学论》等。

搞清楚马克思究竟是哪里人很有必要。如果我们从亚得里亚海到北海划一条界线，这条线正好从莱茵地区穿过，它把欧洲分为东（欧）、西（欧）两个部分。马克思的家乡莱茵属于西欧，而普鲁士则向东越过了这条分界线，柏林和维也纳同样如此，它们在地理上属于东欧。在马克思生活的时代，东欧的各个方面，尤其是政治方面，都是远远落后于西欧的。西欧与东欧之间的斗争，在当时表现为拿破仑的共和主义与"反法联盟"的君主专制主义斗争。

尽管在 19 世纪以降的东西方大博弈中，马克思主义炬火照亮的首先是东欧和东方世界，但马克思主义却是在西欧的思想、知识和社会谱系中产生的，马克思的一生主要是在西欧（德国莱茵区和法国、比利时、英国）度过的。

值得一提的是，普鲁士对于莱茵的殖民统治在 1848 年终于得到了报应。那一年，特里尔城爆发起义，要求从普鲁士独立出来，直到占领军将大炮对准特里尔，威胁炸毁这座古城，起义才被镇压下去。而"先进的西部"与"落后的东部"之间的矛盾和斗争，则贯穿于德意志建国的整个过程，一个重要例证就是：1895 年，与马克思并称社会学奠基人的马克斯·韦伯[①]，在弗赖堡大学[②] 发表了题为《民族国家与经济政策》的就职演讲。这篇著名演讲所探讨的，依旧还是德国西部与东部之间的矛盾问题。

罗马不是一天建成的，马克思的思想，当然也不是一天形成的。马

---

① 马克斯·韦伯（1864—1920），德国著名社会学家、政治学家、经济学家、哲学家，是公认的现代社会学和公共行政学最重要的创始人之一，被誉为"组织理论之父"。

② 弗赖堡大学，创建于 1457 年，位于德国西南部的美丽小城弗赖堡，是德国和欧洲历史最为悠久和最有名望的大学之一，也是一座和城市建筑很好结合、没有围墙的传统大学。

克思青年时代最初的理想其实是：欲建立一个统一的欧洲，必先建立一个共和、统一的德意志，而这意味着以先进的、共和的莱茵去改造落后的、专制的普鲁士。马克思最初的合作伙伴，正是这样一批志同道合的莱茵青年才俊，他们大都出身于犹太巨富之家，正是这些青年才俊构成了马克思主编的《莱茵报》的投资人。1848 年，当马克思创办《新莱茵报》时，他们又一次团结在马克思周围。

正像毛泽东和他的许多战友都来自中国的湖南一样，莱茵也是马克思革命事业的根据地。实际上，与马克思类似，初出茅庐的毛泽东起初的政治理想，也并不是实现"共产主义"，而是"联省自治"和湖南独立。

正因为马克思最初的朋友圈是由莱茵青年才俊构成的，所以，裁缝出身的威廉·魏特林[1]在与马克思争夺德国共产主义运动领导权时，就曾愤愤不平地指责马克思说："他的影响力来自富人，富人让他当上了报纸编辑，就这么回事。"

魏特林的话并非刻意诽谤，更不是空穴来风。的确，没有谁一生下来注定就是世界无产阶级的伟大导师。实际上，世界无产阶级的伟大导师出身于一个资产阶级家庭。而有人说马克思家境殷实，但谈不上富有，这是不了解马克思的母亲。马克思的母亲是荷兰人，马克思的父系有五代是犹太拉比[2]，而马克思的母系则不知道可以上溯到多少代——通通都是欧洲的大拉比。马克思的女儿说，很少有人注意到马克思有一半荷兰血统，正如大家很少注意到，马克思家的祖宗几乎都是犹太

---

① 威廉·魏特林（1808—1871），19 世纪欧洲重要的激进主义者，曾被马克思和恩格斯评价为空想社会主义者，同时恩格斯还认为他是"德国共产主义的创始人"。
② 拉比，犹太人中的特别阶层，智者的象征，负责犹太教经典和律法的解释和传达，拥有较高的宗教地位和社会地位。

拉比。

马克思的母亲叫罕莉娅，她嫁过来的时候带了很多的嫁妆。马克思的姨妈叫索菲亚，索菲亚留在了荷兰，她嫁给了一个有名的荷兰巨商利奥·菲利普（Lion Philips）。索菲亚姨妈和这位利奥·菲利普先生，就是飞利浦公司的创始人。

马克思的表兄弟叫奥古斯特·菲利普，他是飞利浦公司的第二代传人，飞利浦公司正是在他的子孙们手里真正站起来的。大家可能用过飞利浦剃须刀、飞利浦洗衣机，质量非常好，但几乎没有人知道，那就是马克思姨妈家的产品。

1872 年 2 月，《资本论》第一卷法文版译就，但出版商却提出印刷费需要作者本人先行垫付，于是，马克思便给他的表兄弟奥古斯特·菲利普写信说：给点钱印《资本论》第一卷法文版吧！奥古斯特·菲利普很快就回了信。信中说：作为表兄弟，别说这点钱，更多的钱都可以给你。我们犹太人重视钱也重视学问，像你这样的大学者，本公司各方面的帮助原本都会有，但是，鉴于你的立场，这笔钱不会给。

不过话说回来，革命也是需要钱的，如果没有来自母亲一方的资助，马克思是不会有经济能力写出《资本论》来的。这个我们后面再说。

这一切说明什么呢？这说明：马克思不是因为遭受了阶级压迫、不是因为"仇富"，才成了无产阶级伟大导师的。马克思生来富贵，从不愤世嫉俗，马克思的出发点不是个人。如果一切从个人出发，那不过是个"市民"；一切从钱出发，那就是夏洛克式的犹太人，而一切从"美德"出发、从共同体出发，这才是"公民"。

卡尔·马克思，他生为法兰西公民。马克思的家乡特里尔，虽被普鲁士所殖民，但作为罗马古都，共和的精神——"为公共事业而献身"，在古老的城墙与廊柱间，一如幽灵在游荡，从未消逝离去。

第二章

公民与市民之间的区别是什么？

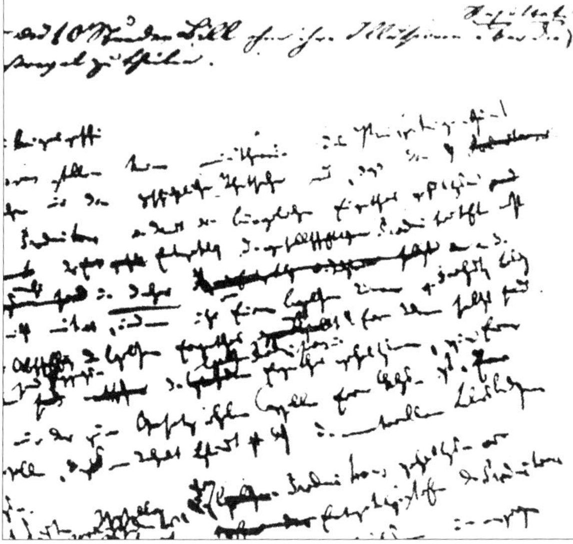

马克思留在人们心目当中的第一篇作品，就是《青年在选择职业时的考虑》，这是他17岁从特里尔中学毕业时，为德语毕业考试而写的一篇作文。

实际上，青年马克思在毕业考试中的笔试考卷，现在保存下来的共有七篇：《青年在选择职业时的考虑》；用拉丁文写的论奥古斯都的元首政体的文章；宗教作文（《根据〈约翰福音〉第15章第1至14节论信徒同基督结合为一体，这种结合的原因和实质，它的绝对必要性和作用》）；拉丁语即席翻译；希腊语翻译；法语翻译和数学试卷等。

《青年在选择职业时的考虑》这篇文章，把他的老师和校长约翰·胡果·维滕巴赫打动了，马克思经过"考虑"说出的话，绝不是那个时代的德国孩子能够说出来的，这篇文章，触及了欧洲历史的核心问题，因为在这篇文章里，少年马克思讲了"公民"与"市民"之间的区别究竟是什么。

"公民"与"市民"之间的区别究竟是什么呢？

拉丁语"公民"一词，为Civitas，字根出自cio-（"召集"），这个动词变成名词时，civis 的意思是"受征召者"，即"公民—战士"。以"公民—战士"为主体，构成了邦国。

拉丁文 satus、英文中的 state、德语中的 staat 等，字根出自 sto-（"站立"），作动词变为"立场"或"形态"。

综合起来说，所谓"公民"在希腊和罗马的语境中的意思，就是柏拉图所谓城邦公共事务的承担者，他们在战时为保卫城邦的公共利益而战，平时，则是亚里士多德所谓"有能力对公共事务发表意见、做出裁决者"。

实际上，也正是柏拉图最早提出了为什么共产主义社会是可能的，也是必需的。

柏拉图在《理想国》里说，人们聚在一起建立城邦，这是因为一个人不能把关乎衣食住行的生产活动、把每一行都干了，他们聚在一起，起初就是为了互通有无，交换产品，只有这样，大家才能吃好喝好，过好日子。但是，如果仅仅为了吃好喝好，那么，猪也可以有猪的城邦，因为猪的理想就是吃好喝好——你不要忘记了，你的日子过好了，人家可能来抢你，因此，城邦就需要护卫者。他还幽默地说：狗也知道分辨敌我，而那些连敌我意识都没有的人，他们的见识还不如狗呢。

一个城邦要保卫自己，就必须有公共财产，就必须用公共财产来供奉护卫者，护卫者保卫的是大家的财产，所以，他们不需要、也不应该有私有财产，他们过着"共产主义"生活——尽管城邦里的人们过着各种各样的生活，但柏拉图认为，护卫者过的"共产主义"生活，才是最好的生活。

亚里士多德对马克思的影响，一点也不亚于柏拉图。

亚里士多德《政治学》的第一章讨论了商品和货币生产，这一部分对马克思后来的工作极其重要。

但是，亚里士多德认为，商品和货币生产属于生活领域，属于养家糊口的家计范畴，不属于公共事务。埋头于这个领域的人，都是为自己的老婆孩子而忙活，所以，这些人不能叫"公民"。

在亚里士多德看来，只有那些有能力对公共事务发表意见并做出裁决的人，才能被称为"公民"。公共事务追求的不是"生活"，而是"美好生活"，公共生活属于政治领域，不属于经济领域。

亚里士多德对马克思的影响是非常直接的，在马克思看来，资产阶级只是一个在商品和货币的生产与交换领域里活动的阶级，资产阶级只管赚钱发财，别人的死活他们不管，如果按照亚里士多德的说法，那么，他们只是"市民"，而没有资格称为"公民"。

戏剧性的是：无产阶级为什么可以被视为"公民"呢？马克思这样说：这就是因为现代无产阶级，从它产生起，就是为大家、为全世界而工作的——因为它是伴随着"世界市场"的形成而产生的，以为无产阶级是为了自己而工作，这是错误的，以为无产阶级是为了老板而工作，这就是欺骗，而一旦无产阶级意识到，自己是为全世界而工作，他就成为了现代公民。

亚里士多德的公民，是指城邦里的自由人，而马克思所说的世界公民，则是指无产阶级。

实际上，只有那些对西方文明及其传统完全无知者，才会认为：私有制和资本主义是西方文明的根源，而共产主义则是马克思独自发明的异端邪说，充其量不过是对未来黄金世界不切实际的幻想。

实际上，如果对于希腊文明没有了解，就不可能知道什么是政治、什么是城邦、什么是公民、什么是共产主义，如果对于历史没有了解，就不会知道：共产主义深刻地内在于西方文明的源头之中。

随着希腊罗马的衰落，公民在欧洲消失了，而最早唤醒这种公民意识的，是英国的大法官霍布斯，他在《利维坦》一书中说，人民要保护自己而不被侵略者掠夺，就必须制定一个契约，把权力让渡给一个守护者，这个守护者就是利维坦，也就是国家。

而马基雅维利则说，意大利要从四分五裂和备受欺凌中解放出来，人民就必须超越个人利益，形成"美德"，而君主就是"美德"的化身，他能够为了国家的利益牺牲自己的一切，也包括自己的虚名。

这种思想在卢梭那里得到了总结，他在《社会契约论》中说，一盘散沙是无助的人民，人民组织起来，形成"总意志"，他们就形成了公民。卢梭在《爱弥尔》中还说，公民，就是把自己看作共同体的一部分，并且愿意为共同体献身的人；而市民就是自私自利、除了自己什么都不知道的人，就是孤立的人。他讲了一个很好的故事，说明为什么斯巴达① 人是公民：

> 有一个斯巴达妇女的五个儿子都在军队里，她等待着战事的消息。一个奴隶来了，她战栗地问他："你的五个儿子都战死了。""贱奴，谁问你这个？""我们已经胜利了！"于是，这位母亲便跑到庙中去感谢神灵。这样的人就是公民。②

公民，就是那些平时有能力对公共事务做出裁判的人，就是那些战时为国奋战的人，是为共同体的幸福而工作和斗争——而这正是罗马人

---

① 斯巴达，古希腊最强大的城邦之一。斯巴达人勇猛好战，纪律严酷，历史上曾占领整个希腊。"斯巴达"本义为可以耕种的平原，与《商君书》中的"农战"近似。
② [法] 卢梭：《爱弥尔》，李平沤译，商务印书馆 1996 年版，第 10 页。

的品格，是"共和主义"的基础。马基雅维利和康德① 把这种品格称为"德性"（Virtus）和"公德"。

"服务公益""重建公德"，这也恰恰是马克思 17 岁时的志向：

> 历史承认那些为共同目标劳动因而自己变得高尚的人是伟大人物；经验赞美那些为大多数人带来幸福的人是最幸福的人；宗教本身也教诲我们，人人敬仰的理想人物，就曾为人类牺牲了自己——有谁敢否定这类教诲呢？
>
> 如果我们选择了最能为人类福利而劳动的职业，那么，重担就不能把我们压倒，因为这是为大家而献身；那时我们所感到的就不是可怜的、有限的、自私的乐趣，我们的幸福将属于千百万人，我们的事业将默默地、但是永恒发挥作用地存在下去，而面对我们的骨灰，高尚的人们将洒下热泪。②

大家可能会说：哦，原来像"斯巴达婆婆"那样为"共同体"而牺牲了自己所有儿子的人，才算是"公民"啊！马克思 17 岁时的人生偶像，原来便是"斯巴达婆婆"那样的人啊！可"斯巴达婆婆"这样的"傻瓜"，如今还有吗？

恭喜你猜对了答案，从而也把你自己的问题意识提升到了少年马克思的水平。实际上，我们这个时代最大的缺失，就是"公民"的消失和

---

① 伊曼努尔·康德（1724—1804），出生于东普鲁士的哥尼斯堡（现俄罗斯加里宁格勒），德国伟大的哲学家、思想家，德国古典哲学创始人。他被认为是对现代欧洲最具影响力的思想家之一，也是启蒙运动最后一位主要哲学家。代表作有《纯粹理性批判》、《实践理性批判》、《判断力批判》等。
② 《马克思恩格斯全集》第 40 卷，人民出版社 1982 年版，第 7 页。

"公德"的缺乏。我们这个时代只有"市民",而至于"公民",倘没有完全绝迹,恐怕也早已是"稀有动物"啦！

那么、公民是怎样消失的？"公民"是怎样变成"市民"的呢？马克思选择从历史中去寻找答案。

1843年秋,25岁的马克思在《论犹太人问题》这篇文章中,考察了资产阶级的政治解放和人的解放的关系。正是在这本著作中,马克思阐明了虽然资产阶级的政治革命将市民社会从封建的桎梏中解放了出来——这是一种历史的进步,然而,这种政治解放,实现的却只是资产阶级意义上的自由,还不是人的真正解放。要实现人的真正解放,就必须进行革命,对资本主义社会实行改造,从而扬弃人的生活本身的异化。

如果把希腊—罗马作为西方文明的源头,那么,罗马城邦共同体究竟是怎样衰亡的呢？马克思发现：罗马共和制的瓦解、公民道德的崩溃,正预示着基督教和犹太教的胜利,这一胜利开创了将"公共财富私有化"的历史先河。罗马的公共财产先是变成了教会的财产,然后,教会的财产又变成了私人的财产。

马克思说："私法是与私有制同时从自然形成的共同体的解体过程中发展起来的。"这句话是什么意思呢？

因为"共同体"解体的过程,与罗马"公共财产"私有化的进程是联系在一起的,在西方文明发展史上,这肇始于罗马皇帝君士坦丁于公元313年颁布的《米兰敕令》。从那时起,罗马不但放弃了共同体的守护神——罗马诸神,而且承认基督教的合法地位,罗马的公共设施日益被宗教建筑所取代,而且,君士坦丁皇帝还把包括土地和产业在内的罗马公产,赠予了基督教会,而这份捐献文书,也就成为了后来一切"私法"的源头或者范本。

从此后，教会便举着《君士坦丁捐赠书》（事后证明，这份捐赠书其实是教会伪造的）对王侯们表示说："你们所谓的领土，实际上都是由君士坦丁大帝捐赠，由基督教会持有的财产。你们只是受教会委托统治的人员而已。如果你们有任何忤逆土地真正所有人——基督教会的行为，罗马教宗将有权立即收回委托权。"

什么是封建的中世纪呢？由于城邦的公共财产被私有化了，"共和的罗马"才被封建的、基督教的"中世纪"所代替，教士和犹太人也就是这样成了在教会和王侯之间收租放债的"中间人"。而马克思说，最初的市民、资产阶级就是从这样的"中间人"中产生出来的——这是他一个有力的发现。

非常有趣的是，"Interesse"这个词，在拉丁语中就是"介于中间"和"中介"的意思，而基督教学者西斯帕努斯（Hispnus）首次用这个词来表述高利贷，而最终，这个词才演化为英文的"Interest"（利息）一词。

从这个意义上说，市民阶级的统治，也就是"中间人"的统治，实质上便是利息、高利贷的统治，简单说便是金钱的统治——更确切地说，则是金融业或者资本的统治，而在马克思青年时代，这就是罗斯柴尔德家族对于普鲁士乃至整个欧洲实际上的统治。

洞悉从"Interesse"（中介）到"Interest"（利息）的演化，有助于理解从基督教的"中世纪"向资产阶级"市民社会"的转变，正如马克思后来在《资本论》中指出的那样：

在法国，中世纪初期替封建主管理和征收租税的管家，不久就成为实业家，他用勒索、欺骗等方法，变成了资本家。这些管家有时自己就是显贵。……由此可见，在社会生活的各方面，有很大的一部分落入中间人的手里。例如，在经济方面，金融家、交易所经纪人、大小商人捞取营业中的最大好处；在民法方面，律师敲诈诉讼双方；在政治方面，议员比选举人重要，大臣比君主重要；在宗教方面，上帝被"中介人"挤到次要地位，而后者又被牧师挤到次要地位，牧师又是善良的牧羊人和他的羊群之间的必然的中间人。①

随着基督教会获得统治地位，人们的交往方式发生了巨变：交往成为孤独的个人与上帝之间的交往，教会和教士则扮演着交往中介人的角色。

马克思青年时代对基督教的思考，受到了费尔巴哈的影响，在《基督教的本质》一书中，费尔巴哈指出：正是在基督教中，人把对世界与他人的"自然感情"，外化为一个"自恋式"的对象，这就是上帝。基督教切断了人与他人的联系、人与自然的联系，把对自然和他人的爱，转变为上帝之爱，因此，基督教不仅培养了个人主义，而且还成功地切断了人与人、人与自然之间的现实联系，最终瓦解了希腊、罗马的共同体意识。

马克思超越费尔巴哈的地方，在于他不是进行纯粹的哲学思考，而是进行深刻的历史思考，这种思考使马克思发现，基督教社会与希腊、罗马社会之不同，在于它培养出一个处于国家和人民之间的"中间阶层"，这个阶层就是亚当·斯密和黑格尔所说的"市民社会"阶层。正是这个阶层，把人们对于公共事务的热情，引向了对于私有财产的关注，因此，对于私有财产的极端关注，瓦解了人民的公共意识。马克思

① 《马克思恩格斯文集》第 5 卷，人民出版社 2009 年版，第 854 页。

指出：现代市民社会，是从中世纪的"中间人"阶层中发展出来的。

那么，马克思所说的"中间人"是指什么呢？它有两个含义：第一，它预示着：人与人之间不仅是有距离的，而且他们的利益是彼此对立着的。第二，这些利益彼此对立的个人打交道，需要借助一个中介，因为这个中介能够帮助他们把"代价"和"收益"算得清清楚楚。而"经济"这个词的本意就是：在"代价"与"收益"之间做出理性的计算。

资产阶级是从"中间人"这个等级中演化而来的，而犹太人长期以来就处于这样一个等级，尽管在历史上，犹太人实际是被迫成为这样一个等级的。

由于在基督教的中世纪，犹太人不被允许拥有土地，因此他们就无法经营农业和制造业，即无法从事"生产性"的活动，加之基督教教义在名义上禁止利息，于是"放债"这种营生就落在了犹太人身上。

马克思从犹太人身上找到了"市民"的原型。

他说：犹太精神的世俗基础就是自私自利，犹太人的世俗礼拜就是经商牟利，就是通过交往和交换牟利，犹太人世俗的神就是金钱——因此，所谓"犹太精神"，也就是"市民社会的精神"。

马克思自己出身于犹太拉比世家，25 岁的马克思为什么会在《论犹太人问题》中批判"犹太人"呢？

实际上，马克思批判的并不是现实中的犹太人，而是"犹太精神"。马克思说：

> 犹太精神随着市民社会的完成而达到自己的顶点；但是市民社会只有在基督教世界才能完成。[1]

---

[1] 《马克思恩格斯文集》第 1 卷，人民出版社 2009 年版，第 54 页。

而这就是因为基督教把人与人之间的交往与联合，瓦解为孤立的个人面对上帝。

可见，早在马克斯·韦伯把"新教伦理"等于"资本主义精神"之前很久，马克思就已经这样做了。

资产阶级是举着"人权"和"人的解放"的旗帜登上历史舞台的。资产阶级革命的意义和实质究竟何在呢？

在《论犹太人问题》中，马克思这样说：实际上，文艺复兴并没有发现人，因为它只是发现了"商人"；法国大革命并没有解放人，因为它只是把"公民"变成了冷酷自利的市民；拿破仑的解放法令也没有把犹太人变成"公民"，而是要把所有的人都变成"认钱为神"的犹太人。

马克思曾明确说道：

> 不是身为 citoyen［公民］的人，而是身为 bourgeois［市民社会的成员］的人，被视为本来意义上的人，真正的人。
>
> 市民社会从自己的内部不断产生犹太人。①

这不禁令人想起，托尔斯泰在《战争与和平》中对拿破仑的讽刺：拿破仑是个伟大的商人，他把政治道德变成了"政治算术"。

在马克思看来，法国 1793 年的《人权和公民权宣言》里所说的"人权"，指的其实是"市民权"，而在"市民社会"里，人非但没有得到解放，反倒更深地陷入孤立无援的困境之中。

今天，我们其实不难理解马克思当年对于市民社会的批判。

通过资产阶级革命，封建社会意义上的身份制度看似消失了，特权

---

① 《马克思恩格斯文集》第 1 卷，人民出版社 2009 年版，第 43、52 页。

阶层的合法性在名义上似乎也被取消了，但是，这之后出现的，与其说是一个"平等"的社会，还不如说是弱肉强食的竞争社会。在这样的"市民社会"里，是否拥有权力、财富、地位，这完全取决于你自己的"个人能力"——也就是说，由于大家在"追求自我利益"、实现个人欲望方面是自由平等的，所以，你在竞争中失败，被人压迫侮辱，忍饥挨饿，流离失所，这一切都是你自己的责任，根本怨不得别人。

在这样的社会里，人与其说是"独立"的，还不如说是互相对立的、孤立无援的——更重要的是，在这样的社会里每时每刻都在进行着"一切人反对一切人的战争"。

由于人们之间的交往被等同于货币交换，于是，赢得更多的货币，就可以掌握交往、交换的主动权。赚钱本来是服务于幸福生活的手段，但现在它却成为目的，并与人的生活和生命完全对立起来了。

青年时代的马克思把这种荒谬、这种颠倒，称之为"异化"。

在这样的社会里，财富只属于掌握货币交换技巧的人、"有能力赢得货币"的人，于是，这样的社会里就没有、也不能容忍"公共财富"的存在；这个社会里的每个人，都只是与货币发生关系，而与他人不发生直接的关系，于是，他们也只关心自己的、个人的、特殊的利益，从而把共同利益看作是完全外在于自己、并与自己相对立的压迫性力量。由于个人与社会、特殊利益与共同利益处于完全对立的状态，因此，这样的社会，便是反对"共同利益"、反对"公民"的社会。

什么是资产阶级社会（市民社会）呢？简而言之，那不仅是一个与"公共财富"、"公民"相对立的社会，而且还是人们之间的利益处于尖锐对立状态的社会，是一个残酷竞争的社会。

马克思说，语言是人们交往的最基本手段，人们因为互相需要、互相依赖而发明了语言。而现在，让孩子们学习读和写，却成为使他高人一等、与他人分开的手段。知识不过是从人们的共同劳动中总结出来的，如今知识却成为知识者的特权，而劳动则成为了劳动者的宿命。

卢梭也曾指出过市民社会这个弊端，他在《论科学与艺术的复兴是否有助于使风俗日趋纯朴》里这样说：

> 你们的孩子不会说他们自己的语言，但却能说在任何地方都用不着的语言，会作一些几乎连他们自己也看不懂的诗。孩子们不仅没有学到区别真理与谬误的本领，反而学会了一套善于诡辩的技能，把真理与谬误搞混，使人分不清真伪。什么叫崇高，什么叫正直，什么叫谦和，什么叫人道，什么叫勇敢，他们全然不明白。"祖国"这个亲爱的名词，他们充耳不闻。
>
> ……我们有许多物理学家、几何学家、化学家、天文学家、音乐家、画家和诗人，但就是没有公民。如果还有的话，他们也是分散在穷乡僻壤，一生贫困，被人轻视。那些向我们提供粮食并向我们的孩子提供牛奶的人的处境，就是如此；我们对他们的感情，就是如此。①

在这里，卢梭讲的虽然只是"教育"这一个领域里的颠倒和异化，但是，他数百年前说的这些话，对今天的我们来说，听来依然不会感到太陌生吧？

那么，究竟什么是马克思青年时代追求的"人的解放"呢？

人的解放，就是从目标和手段的颠倒与异化中解放出来，就是从

---

① [法] 卢梭：《论科学与艺术的复兴是否有助于使风俗日趋纯朴》，李平沤译，商务印书馆 2011 年版，第 35、37 页。

"市民社会"里解放出来，而"犹太人的社会解放就是社会从犹太精神中解放出来"。

实际上，正是为了解决"公民"与"市民"之间的对立，正是为了批判资产阶级"市民社会"，马克思方才发现了"无产阶级"。

马克思出身于一个律师家庭，那个时候，马克思与现实中受苦受难的工人阶级几乎还没有什么接触。后来的马克思，与其说是因现实的触动而发现了"无产阶级"的历史作用，还不如说他是通过批判"市民社会"，而发现了"现代公民"。

在马克思看来，正像"公共事业"构成了罗马社会的基础那样，"物质生产活动"构成了一切文明的基础——这就正如马克思在《德意志意识形态》中所说的那样："这种活动、这种连续不断的感性劳动和创造、这种生产，正是整个现存的感性世界的基础，它哪怕只中断一年，费尔巴哈就会看到，不仅在自然界将发生巨大的变化，而且整个人类世界以及他自己的直观能力，甚至他本身的存在也会很快就没有了。""物质生产与再生产"，无疑是人类社会得以不断发展和进步的动力。而那些进行着物质生产与再生产的人们，其主体，在马克思考察的视野中，就是无产阶级了。

马克思对"公共事业"的理解，与卢梭是相通的，这里的"公共事业"并不仅指担任公职、参与公共活动、提供公共性的文化精神财富。所谓的"公共事业"，特指"生产性的活动"，而"公民"，也就是卢梭所谓"那些向我们提供粮食并向我们的孩子提供牛奶的人"，就是那些为人类提供"衣食住穿"的现代劳动者。

在马克思看来，罗马帝国的腐败，就肇始于那些献身于"公共事业"的人被冷落鄙视，而现代社会腐败的根源，就是因为那些从事物质生产活动的劳动者，被"文明社会"所侮辱欺凌。就像卢梭所说的那样：他们"一生贫困，被人轻视。那些向我们提供粮食并向我们的孩子提供牛奶的人的处境，就是如此；我们对他们的感情，就是如此"。

人是什么？人怎样度过自己的一生？马克思对这些问题的思考和回答是非常独到、深刻的。

首先，与彼时流行的看法完全不同，马克思认为人不是观念的产物，而是他自己活动的产物。人就是处于一定社会关系之中进行着其感性活动、进行着实践的人。不妨通俗点说，人通过实践和交往创造自己、表现自己，人正是通过其实践确证着自身的本质。

正像人们的劳动方式、工作方式一样，人们的交往方式也是历史地发展着的，从公民到市民的演变，就体现了人们交往方式的历史发展。在罗马，人们通过现实的交往而形成了城邦共同体，在那里，人们能够通过互相交往而达到共同目标，这样的人就叫作公民。而基督教把这种人与人之间的交往，瓦解为孤独个人与上帝之间的交往，个人、个人主义，恰恰是基督教的产物。因此，马克思认为，资产阶级市民社会，就脱胎于基督教。

实际上，资产阶级所谓的"法律面前人人平等"，与基督教的"上帝面前人人平等"并没有根本的差别，因为它们无非是以法律上、政治上、"上帝面前"即抽象意义上的人人平等，掩盖了现实社会的经济不平等。当然，今天依然有人把市民社会视为自由平等的理想王国，但是，马克思青年时代就指出：市民社会绝不是人们所说的自由平等的牧歌乐园，恰恰相反，市民社会里有阶级、阶级差别，有花园别墅和贫民窟，有血和泪，有剑与火，而把市民社会当作理想的王国，这是连黑格尔都不会赞成的观点。

正是因为看到了市民社会奉行的就是弱肉强食的丛林法则，黑格尔方才诉诸"国家"，在黑格尔看来，市民社会仅仅是"需求的领域"，而国家才代表"精神的领域";在黑格尔看来,法国大革命推翻了国王,但也没有真正建立起一个"公民的共同体"、一个真正的"共和国",相反,推翻了国王之后,法国落入了市民社会的丛林法则,大革命之后造成混乱,就证明了这一点。

但是,在马克思看来,基督教的王国不但不能调解社会,而且,正是基督教瓦解了希腊罗马的公共精神,并孕育了市民社会。而那时的普鲁士,正是这样一个基督教的王国,如果说,晚期的罗马天主教镇压了罗马公民,那么,现代的基督教王国普鲁士,则在镇压现代公民——无产阶级。

因此,马克思说:当黑格尔指出,市民社会不是公民社会时,他是正确的,当他指出法国和英国的资产阶级革命没有建立公民社会,而是建立了尔虞我诈的市民社会时,他是格外正确的;但是,当黑格尔说,普鲁士新教国家可以超越市民社会,而代表"公民社会"时,他却大错特错了,马克思宣告:唯一可以超越市民社会的力量,就是那个真正与市民社会完全对立的力量,这个力量就是现代无产阶级。

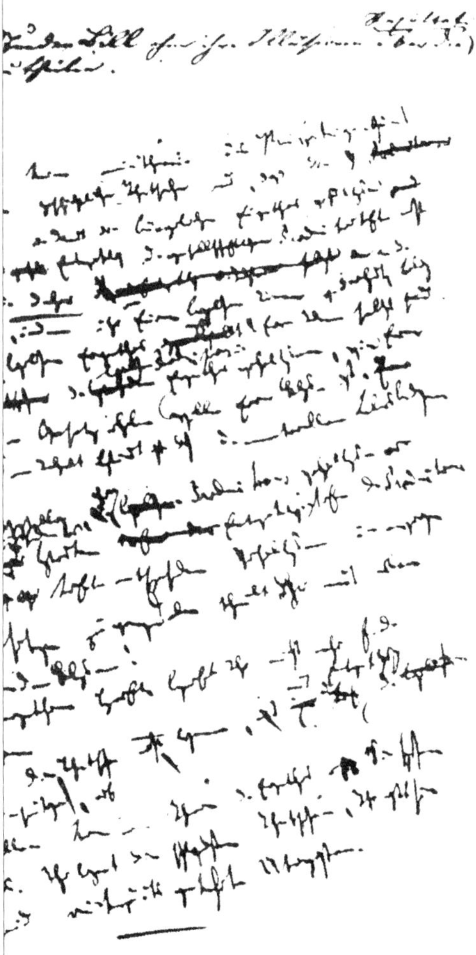

第三章 我们应该怎样追求知识？

1841 年，23 岁的马克思巧妙地避开了柏林大学进行的关于黑格尔哲学的白热化争论，在耶拿大学获得了博士学位，他的博士论文堪称特立独行、博大精深。正是在这篇博士论文中，马克思为自己毕生的工作树立了明确的方向，而这个方向就是"批判"与"革命"。

　　所谓巧妙地避开了关于黑格尔哲学的论战，是因为黑格尔的体系是以逻辑学为核心，派生出自然哲学和精神哲学两个部分，而柏林大学关于黑格尔的争论，主要是围绕着精神哲学展开，自然哲学相对而言属于"冷门"。

　　马克思为自己极其尖锐深刻的论文起了一个非常学术化的题目，叫作《德谟克利特①的自然哲学和伊壁鸠鲁②的自然哲学的差别》。他追溯了西方文明的起源，论文首先面对的问题是：我们究竟应该怎样追求知识？

　　古希腊自然哲学，依据对世界本质理解的不同，分为两个传统：一

---

① 德谟克利特（约公元前 460—公元前 370 年），古希腊哲学家，原子论的主要代表，留基伯的学生。

② 伊壁鸠鲁（约公元前 341 年—公元前 270 年），古希腊哲学家，无神论者。

个传统把世界的本质理解为"理念"，它的基础是数学，这是柏拉图的传统，柏拉图说，认识桌子是不够的，因为你只有认识了圆形或者正方形，你才能真正认识桌子。另一个传统则把世界理解为原子及其运动，这个传统的基础是物理学，与这个传统相区别，前一个传统自称"形而上学"，直译为"物理学之外"。

马克思说，古希腊有两种对待知识的方式：第一种是德谟克利特式的，德谟克利特认为感性知识靠不住，感觉的世界是假的。

以观察太阳为例，有人看太阳是红的，有人看太阳是黄的，有人看太阳是鸡蛋黄那么大，我看到的太阳就从来没超过车轮那么大，但实际上，太阳不是车轮那么大，太阳很大。所以，感觉的世界是假的。

那么，什么东西是真的呢？德谟克利特说，感觉世界背后的逻辑、理念才是真的。

但伊壁鸠鲁的看法则不一样，他代表了第二种对待知识的方式。

伊壁鸠鲁认为感觉世界是真的，你看太阳像鸡蛋黄一样大是真的，你用天文望远镜看到的太阳浩瀚无边也是真的，这是因为采用的工具和所处角度不同，没有绝对的"真的"。表象不同，只是因为我们站的角度不同、我们所采用的认识工具不同而已。

马克思是从德谟克利特与伊壁鸠鲁之间的对立展开自己的思考的，他通过这个例子，来讲德谟克利特和伊壁鸠鲁的差别。他说："因此，我们看到，这两个人在每一步骤上都是互相对立的。一个是怀疑论者，另一个是独断论者；一个把感性世界看作主观假象，另一个把感性世界看作客观现象。"

德谟克利特怀疑和否定眼睛里的表象，他的一生是个悲剧，他到处求知、不断自我怀疑，最后把自己的眼睛刺瞎了，因为他认为感性经验只会骗他。

我们在求知的过程中，无一例外地都会遇到马克思在博士论文中提出的问题。而老师们往往会告诉我们说，事物只是表象，它实质上都是由正方形、长方形、圆形组成的，要认识一个事物，不能靠自己的眼睛，而要依靠作为理念的知识，知识能够告诉我们，这个事物有多高、有多重，它的重量和体积是多少，客观的知识是不以我们的感觉为转移的。但是，这种说法是有限度的。如果丧失了感觉和感觉器官——特别是如果丧失了眼睛，我们究竟怎样才能获得知识呢？

后来，马克思在批判费尔巴哈①时，进一步阐述了他博士论文中提出的这个观点。

他说，费尔巴哈只是把世界当作了"感性对象"，而没有当成"感性活动"。那么，什么是"感性活动"呢？所谓"感性活动"，就是人的活动，就是人与世界、与他人的互动。我们改变自然，也被自然改变着；我们在与他人打交道的同时，也被他人影响着、改造着。比如说，我在写作的过程中，不断得到编者、读者的反馈和批评，因此就不断地修改自己的认识，而这种写作活动就是"感性活动"。

我们应该怎样追求知识呢？马克思说，追求知识的正确方法，应当是通过自己的实践，或者说是通过自己的感性活动的结果来确证。例如，如果把"求知"（精神生产活动）当作一种与世界和他人"互动"和"对话"的话。这个活动是无止境的，因此，对于知识来说，"完成"和"完美"是极其虚假的观念——实际上，马克思总是在不断地修改自己的作品，他的绝大多数重要著作，都是反复思考、反复修改完成的，还有不少是没有完成的"手稿"。

---

① 路德维希·费尔巴哈（1804—1872），德国唯物主义哲学家，德国古典哲学的代表人物。

马克思 23 岁时思考的问题非常了不起，它通向后来的马克思主义。因为马克思后来说：人们的认识是从哪里来的呢？每个人的认识都有它的道理。这就是"人的社会存在"——你所处的阶级位置——决定人的意识。

那么，这是不是说"客观的知识"是不可能的呢？

当然不是的。恰恰相反，客观的知识，是由无数双眼睛里的世界共同构成的，于是，当你专注于自己眼睛里的世界的同时，必须知道：世界在别人的眼睛中可能是不同的，是另外一种样子。因此，在注视世界的时候，就必须注视他人的眼睛和目光，就必须知道，你对世界的认识绝不是唯一的。

人的认识来自感觉，但是，感觉还不是知识，只有人们在其实践中、在其互相交往中，把这些看似彼此无关的感觉联系起来，它方才形成了一个时代特定的"知识"。因此，所谓知识，就是一种通过一定的抽象，把各种不同的感觉用某种规律加以提炼并有机整合起来的"叙述"，其外在感性形式，就是语言。对此，马克思曾明确说过："思想、观念、意识的生产最初是直接与人们的物质活动，与人们的物质交往，与现实生活的语言交织在一起的。"语言的形成就是如此。

但是，当新的事物发生的时候，当新的发现冲击人的感觉的时候，人们往往认为这不是知识而只是异端邪说。只有当这种新的事物扩展开来，新的感觉得到了充分的交流，新的知识和新的叙述才会形成，而这期间，必然会发生新旧知识之间的斗争与冲突。

人们之间的交流越充分，人类知识的发展就越充分；相反，在一个社会分工不发达、交流不充分的地方，知识的发展就越缓慢，人们就越为偏见所统治。

马克思后来这样总结道：某一时代人类总体的知识水平，是由该时代社会分工和生产力发展水平所决定的，这也就是说，要受到人们所处时代条件的制约：

> 我们判断一个人不能以他对自己的看法为根据，同样，我们判断这样一个变革时代也不能以它的意识为根据；相反，这个意识必须从物质生活的矛盾中，从社会生产力和生产关系之间的现存冲突中去解释。①

这种包纳他人视野的态度，这种把知识理解为"感性活动"的态度，就是马克思所谓的"批判"。马克思著作中最常见的两个字就是"批判"，连《资本论》的副标题也是"政治经济学批判"。

"批判理论"是马克思思想的特有品格，"批判"是马克思对待知识的基本态度。正是通过这样的态度，马克思和恩格斯方才跨越了他们自己所处的阶级和时代的局限，从而能够虚心而真诚地倾听别人的声音，特别是这个世界上沉默的大多数——无产者和劳动者的声音。正是通过这样的态度，马克思才因为包纳了无数众生渴望的眼睛，而变得目光如炬。

马克思生活的时代，教皇和贵族还没有退出历史舞台，资产阶级正在发展壮大，而无产阶级则刚刚开始登上历史舞台。马克思敏锐地意识到了无产阶级作为一个阶级所蕴含的力量，而他的这种"敏锐"，来源于对彼时资本主义社会的考察。在马克思看来，处于资本主义社会中的工人，是一种被异化着的存在——对于异化，马克思在《1844年经济学哲学手稿》中实际上已经揭示得淋漓尽致了。这种异化，导致工人只

---

① 《马克思恩格斯文集》第 2 卷，人民出版社 2009 年版，第 592 页。

能作为机器的单纯的附属品，只能在他们找到工作的时候，才能作为人而生存。或者确切地说，只有当工人把自己的劳动力作为商品进行出卖且出卖成功的时候，他们才能作为资本主义社会生产链条中的"人"而现实存在。这样存在着的工人，劳动对于他们而言，从来不是目的而只是维持自身基本生存的手段。因此，正是在这样的矛盾中，正是在无产阶级被极度的压迫中，反抗的道路得以打开：那就是无产阶级联合起来，进行一个阶级对另一个压迫着他们的阶级的斗争；就是无产阶级联合起来，进行炸毁当前这个压迫着他们的社会的斗争。

恩格斯是走近无产阶级生存环境里的人，他的《英国工人阶级状况》，开创了一门新的知识——社会学。而马克思则是第一个深入研究了工人阶级的生产状况的人，他因此而创造了一种崭新的理论——剩余价值学说。

马克思追求知识的态度，是在他的博士论文中确立起来的。批判，首先是自我批判，是战胜自我。批判，也就是正视他人的眼睛，倾听他人的呼吁，并立志为别人做些什么。毛泽东所说的"为人民服务"的人生态度，就是从这样的认识论起点上建立起来的。

"批判"也决定了马克思的写作方式和表述方式：马克思从来不是直接提出自己的观点，而是在尽可能占有已有研究成果和吸收他人观点的基础上，把自己的观点融入到对这些成果和观点的分析和批判之中。

马克思的博士论文还指出，我们之所以必须"批判地追求知识"，是因为没有哪种知识只包含纯粹的事实，而不掺杂其他。在每一个所谓"事实"背后，都有讲述者的意图，都有陈述这项事实的人给予世界的判断。那个判断总是说，"这个事实很重要，其他被忽略的东西不重要，因为它并不构成事实，或不代表事物的'本质'。"但马克思说，那些被省略的事实恰恰非常重要，这其中就包括占人类大多数但却总是被忽视的普通劳动者，以及他们在历史中的作用。

基于这样的原因，马克思把他的主要工作，命名为"政治经济学批判"。

马克思博士论文的前半部分是围绕着"批判"展开的，但是，仅有"批判"还是远远不够的，因为马克思后来曾在《德意志意识形态》中明确说道："历史的动力以及宗教、哲学和任何其他理论的动力是革命，而不是批判。"

如果说马克思博士论文的前半部分讲的是"批判"，那么，它的后半部分讲的则是"革命"。

马克思博士论文中关于"革命"的这一部分，又是通过对古希腊"原子论自然哲学"的讨论来体现的。所以，这种讨论看起来似乎是极其抽象的，但实际上，它却充满了核裂变一般的爆炸能量，就仿佛是在极其冰冷的外壳下面，包含着巨大的光和热那样——而这也体现了马克思此后文章的一贯风格。

论文的后半部分所关注的是能量和能力。自然史、宇宙史是一部能量爆炸的历史，这一点，已经由康德提出了。而马克思则认为，人类史乃是一部人类的能力不断发展的历史，在这一点上，马克思继承了马基雅维利的观点，后者把人类的能力，理解为政治能力——有时就理解为武力，而在马克思之后，尼采把这种能力理解为强力意志，而弗洛伊德则理解为不可压制的欲望。但如果说起来，这些观点的根源，就在希腊的原子论自然哲学。

德谟克利特说，一个物体悬在空中会掉到地上，这说明，向下的垂直运动是一种必然性，原子的这种垂直运动是必然的。但马克思却认为，在阐释个体的存在之规定性的时候，伊壁鸠鲁提出了三个极为有价值的概念，即直线、偏斜和排斥。其中，直线指代原子丧失自身独立性、个体性的一种存在状态，或者说，此时的原子是被必然性所压制和束缚的存在；与之正相对立，偏斜是作为直线的否定形式的一种存在，是表述原子突破限制并实现其自身的一种状态；由此，排斥就是偏斜借以否定和脱离直线的力量，就是那种"原子从与它相对立的定在中抽象出来，并且偏离了它"的力量。在这里，马克思实际上借阐述原子的运动，来说明"人的自由何以可能"的问题：人的自由就是一种通过人的创造活动不断否定束缚、压制着他的"那种必然性"的过程，就是一种不断与此必然性作斗争并扬弃此必然性而最终要获得其独立性、个体性的过程。

这是非常天才的看法。后来，爱因斯坦也作出过这样的推测：由于引力的作用，光的运动其实是偏斜的。而爱因斯坦这个说法后来在科学实验中被证实了。

马克思正是通过这个重要发现，讲了那个更为深刻的道理：实践，或者"革命"。

什么是实践呢？

实践不是直线运动，实践是偏离直线的运动，而这就是他后来说的："哲学家们只是用不同的方式解释世界，问题在于改变世界。"

物质并不是在做直线运动，因为运动是不同的力（量）之间斗争、较量的过程。

马克思说：物体下落需要一个过程，这个过程或"时间"中，就包含着（作用力和反作用力之间的）斗争。那么，什么是"时间"呢？而尼采说："一切斗争——一切发生事件皆是斗争——都需要延续。我们所谓的'原因'和'结果'放过了斗争，因而并不与事件相符合。一贯的做法是，否定原因和结果中的时间。"

从这样的角度，马克思的博士论文最终批判了黑格尔哲学体系的核心——逻辑学，即关于因果律、时间、空间的学说。马克思嘲讽说，那种逻辑学实质上是奴隶哲学，离开了实践、斗争和革命，原因并不能自动导致结果。这正如黑格尔①自己所说，奴隶受压迫的原因不是因为他是奴隶，而是因为他放弃了斗争。马克思后来说，黑格尔自然哲学和精神哲学中所蕴涵的丰富矛盾和能量，最终必然会炸毁其逻辑学的外壳——实际上，这也正是马克思博士论文的观点。

世界上没有直线运动，也"没有两片完全相同的树叶"，人类历史的发展并不是一条直线，所有的实践都是对直线的偏离，斗争改变宿命，自由是对必然性的超越。

那么，在马克思那里，"革命"究竟是什么呢？

"革命"，当然不是维持现状，但马克思同时又指出，"革命"也不是实现什么理想，不是要达到一种既定的理想目标。

那么，究竟什么是"革命"呢？

"革命"，就是始终保持"能量"的状态，这种状态导致了运动。

正是基于这种对于"革命"的理解，马克思后来才这样深刻地指出：

> 共产主义对我们来说不是应当确立的状况，不是现实应当与之相适应的理想。我们所称为共产主义的是那种消灭现存状况的现实的运动。这个运动的条件是由现有的前提产生的。②

"革命"，就是"那种消灭现存状况的现实的运动"；"革命"，就是去发现社会中最有能量的部分，始终保持蓄势待发的飞跃姿态；"革

---

① 乔治·威廉·弗里德里希·黑格尔（1770—1831），德国古典哲学的主要代表。
② 《马克思恩格斯文集》第1卷，人民出版社2009年版，第539页。

命"，也就是毛泽东所说的"雄关漫道真如铁，而今迈步从头越"。

而马克思说，无产阶级就是这样最具能量的阶级；无产阶级能量的提升与发挥，是与社会生产力的发展相同步的；解放无产阶级，就是解放社会的能量，使社会得以前进。这是多么深刻、独到、惊人的见解啊！

马克思23岁时在博士论文里提出的看法，也让我们想起恩格斯对历史唯物主义的阐释。恩格斯说：

> 历史是这样创造的：最终的结果总是从许多单个的意志的相互冲突中产生出来的，而其中每一个意志，又是由于许多特殊的生活条件，才成为它所成为的那样。这样就有无数互相交错的力量，有无数个力的平行四边形，由此就产生出一个合力，即历史结果，而这个结果又可以看作一个作为整体的、不自觉地和不自主地起着作用的力量的产物。因为任何一个人的愿望都会受到任何另一个人的妨碍，而最后出现的结果就是谁都没有希望过的事物。①

历史是怎么运动的呢？历史表现为人类不同的生产方式和交往方式之间的斗争，因此，它不是一条直线指向既定目标，而是有多种合力起作用，像平行四边形一样，最后产生出来的结果，不是任何一种力（意志）所能事先看到的。

马克思毕生强调自由而不是必然，正如他更强调斗争、革命在运动中的作用，更强调实践的作用。

马克思在23岁的博士论文中，首次提出了"批判"与"革命"这

---

① 《马克思恩格斯选集》第4卷，人民出版社1995年版，第697页。

两个命题。这篇博士论文已经说明他必然会成为后来的马克思。最终，马克思通过两部伟大的作品，分别实现了这两个光辉的命题：《资本论》是"批判之作"的典范，而《共产党宣言》则是"革命的圣经"。

关于"批判"与"革命"这两个"马克思主义"命题之间的关系，恐怕没有谁比毛泽东阐释得更好的了。

毛泽东极为天才地指出："批判"与"革命"，这就是"处理两类不同性质的矛盾"的方法。"批判"的方法，针对的是人民内部矛盾；而革命和斗争的方法，针对的则是"敌我矛盾"。

毛泽东认为，对于思想的问题、学术的问题、人民内部的矛盾，必须采用批评和批判的方式，即"团结——批评——团结"的方式，为的是"搞清是非"、追求真理、达致团结。而革命，则是处理敌我矛盾、对抗性矛盾时所必须采用的方法，在这里必须采用斗争的形式。

如果换到今天的语境，我们完全可以这样说：改革，就是使矛盾良性转化的方式；而革命则是应对对抗性矛盾的霹雳手段。改革，不等于"告别革命"，因为革命，是解决矛盾的最后手段，也是推动改革的杀手锏。

因此，无论过去还是现在，我们始终要准备两种前途、两种可能性：一种方式是改革；另一种方式就是革命。前一种方式是以民主协商的方式、以不断改革的方式来解决中国所面临的各种矛盾；后一种方式则是以斗争的方式、革命的方式来直面矛盾，应对危机。

把改革与革命更加辩证地、紧密地结合在一起，这就是：准备着进行与过去时代不同的、有着许多新的特点的、更加伟大的斗争。

什么叫作"认真看书学习，弄通马克思主义"呢？在这方面，毛泽东也为我们做出了最好的楷模，他的如下名言，把马克思主义基本原理与中国的具体实践精彩地结合起来，精辟地阐述了"批判"与"斗争"、

"改革"与"革命"之间的辩证关系。

毛泽东这样说：

> 世界是由矛盾组成的。没有矛盾就没有世界。我们的任务，是要正确处理这些矛盾。这些矛盾在实践中是否能完全处理好，也要准备两种可能性，而且在处理这些矛盾的过程中，一定还会遇到新的矛盾，新的问题。但是，像我们常说的那样，道路总是曲折的，前途总是光明的。我们一定要努力把党内党外、国内国外的一切积极的因素，直接的、间接的积极因素，全部调动起来，把我国建设成为一个强大的社会主义国家。①

怎样做一个马克思主义者呢？要做一个马克思主义者，首先就必须学会批判地追求知识，就必须对现存世界采取批判与革命的态度。

----

① 《毛泽东文集》第七卷，人民出版社 1999 年版，第 44 页。

第四章

蜜蜂的活动和人的劳动有什么不同？

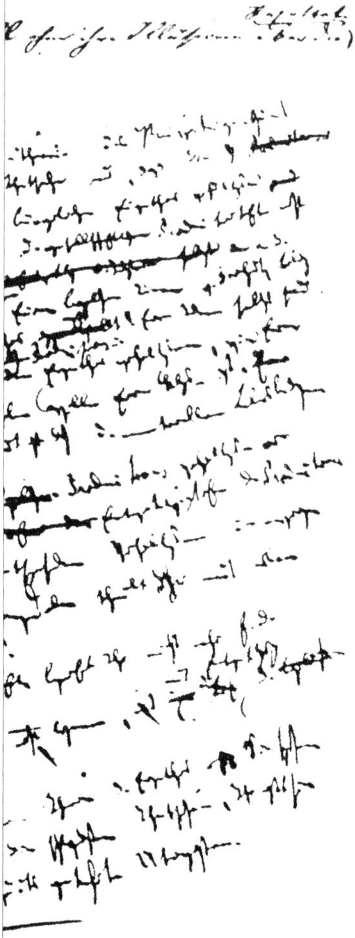

马克思说过："人类始终只提出自己能够解决的任务，因为只要仔细考察就可以发现，任务本身，只有在解决它的物质条件已经存在或者至少是在生成过程中的时候，才会产生。"

　　23岁的马克思提出了"批判"与"革命"的命题，从那时起直到去世，他便以全部生命直面着自己提出的命题。

　　为了面对这样的问题，这位柏林大学法学院的高材生放弃了当律师，而选择以学术为业，尽管他的父亲警告这位年轻人，当律师能给他带来稳定的收入，甚至可以发财，而搞哲学是根本无法谋生的。

　　马克思原本打算毕业后在大学教书，但是，就在临近毕业时，他的学术密友布鲁诺·鲍威尔教授因为激进的学术观点，而失去了在柏林大学的教职，面对学院政治的倾轧，马克思从此失去了在学院体制内从事学术研究的机缘。实际上，在其有生之年，马克思都没有宁静安逸的学术条件，马克思没有学生，也没有任何一所大学肯接受《资本论》的伟大作者，马克思一辈子都没能当成教授——在这方面，他没有康德、黑格尔等人那样的学术条件，这两人生活在宁静的学府中。

　　父亲去世后，马克思很难再从母亲那里得到资助，马克思的母亲虽然富有，但她基本上没有读过什么书，她对儿子的事业既不理解，也不支持。

马克思毕生的工作，都没有获得过任何机构的赞助和支持，如果说马克思因此反而摆脱了一切机构的束缚而获得了自由，那么，这种自由是极为沉重的。因为在当时乃至今天的条件下，在没有任何机构赞助和支持的情况下，仅凭赤手空拳而攀上人类知识与思想的最高峰，这完全就是不可能的。

但是，马克思做到了这一切。

为了面对自己提出的问题，马克思义无反顾地抛弃了一切，大学毕业后，摆在他面前的唯一选择就是"卖文为生"，就这样，马克思成为了1842年创办的《莱茵报》的编辑，这份报纸由莱茵地区的社会精英创办，报纸的宗旨是鼓吹经济改革，呼吁工业发展。

马克思的思想非常深刻。他认为，任何现代化改革都不仅是单纯的经济改革，因为它必然要改变人们的社会关系和社会交往方式，在德意志这样一块宗教分歧严重、地区差别明显、阶级矛盾激化的土地上推行现代化改革，如果简单地推行市民社会的法则，必将使社会冲突变得不可避免，以富国强兵为目标自上而下的改革，只能加强德意志的封建结构，因此，真正的变革必须以社会变革为基础，而不是诉诸单纯的经济计划。简而言之，必须以交通、金融、通信的革命，来改变普鲁士的社会交往方式，而在原有的新教国家的基础上，是无法真正推行交通、金融与信息的改造的。

马克思能够从社会交往方式改进的角度，去理解经济改革的计划，这使他得到了莱茵青年才俊们的赏识。青年马克思所具备的强大的思想能力，使他身上焕发出令人敬畏的光辉，人们尊敬他、羡慕他，热烈地讨论着他不断提出的那些令人惊骇的问题——这些问题包括：如何通过建立一个真正的法治国家，以避免莱茵省与普鲁士、东部与西部、天主教与新教的对立，如何以比较社会主义的方案，来克服市民社会的残酷竞争的弊端，造成社会团结，以使得工业化的改革能以比较温和的方式进行。那个时候的马克思，他的思想还在共和主义与社会主义之间徘徊，但是，他已经越来越倾向于采用社会主义的方式来推动德国的现代化，因为这样的方案，可以更好地解决当时德国存在的区域差别、信仰分歧和阶级矛盾。

与《莱茵报》最早的主编李斯特不同，在马克思看来，德意志的使命，不仅是要变成一个现代化的强国，而且是要义无反顾地担负起人类解放的重任，这种解放不仅是黑格尔所谓的精神解放，更是在现实的历史进程中获得解放。马克思虽然年纪轻轻，却已给人"望而生畏"的思想巨人之感，而这从同时代人所遗留下来的材料中可以清楚地看到。

《莱茵报》的创办者之一和撰稿人，犹太工业家的儿子——莫泽斯·赫斯① 曾经这样介绍青年马克思：

> ……你应该准备着去会见一位最伟大的哲学家，也许是当今活着的唯一真正的哲学家……他既有深思熟虑、冷静、严肃的态度，又有最辛辣的机智；如果把卢梭、伏尔泰、霍尔巴赫②、莱辛③、海

---

① 莫泽斯·赫斯（1812—1875），德国政治家和哲学家，《莱茵报》创办者之一和撰稿人，1842 年 1—2 月成为编辑部成员，1842 年 12 月成为驻巴黎通讯员；正义者同盟盟员；40 年代中期为真正的"社会主义者"；1846 年起反对马克思和恩格斯；1850 年后属于维利希-沙佩尔冒险主义宗派集团；1863 年以后为拉萨尔分子；国际布鲁塞尔大会（1868）和巴塞尔代表大会（1869）的参加者。

② 保尔·昂利·霍尔巴赫（1723—1789），法国哲学家，唯物主义者，无神论者，启蒙思想家，革命资产阶级的代表人物。

③ 莱辛（1729—1781），德国作家、评论家、剧作家和文学史家，启蒙思想家。

涅和黑格尔合为一人（我说的是结合，不是凑合），那么结果就是一个马克思博士。①

从那时起一百五十多年过去了，倘若我们今天必须补充赫斯的话，那就应该这样说：如果我们把卢梭、伏尔泰、康德、黑格尔结合在一起，同时还要把尼采、弗洛伊德②、马克斯·韦伯、涂尔干③结合在一起，结果依旧还是卡尔·马克思。

迄今为止的人类知识和思想是一座巍峨的大厦，马克思的学说就是构造这座大厦的钢筋和龙骨。离开了马克思的著作和工作，诸如生产、交往、生产力、生产关系、社会构成、意识形态、资本、异化等，这些基本范畴的含义就完全无法得到理解。如果从人类思想和知识中抽掉了马克思的学说，那么，人类知识和思想的大厦实际上就已经解体了。

一个人可能有许多的知识、读过许多的书，但是，如果他没有关于马克思的知识，没有读过马克思的书，那么，他一生注定只能在各种建筑材料之间搬运摸索，充其量只能成为一名不错的"砖家"而已。

今天的知识体系有什么缺陷呢？我们今天不是一般地缺少知识，而是缺少知识中的"钙"，我们缺少的是把知识组织起来的框架和纽带，我们缺乏的是批判地综合人类一切知识的能力，缺乏的是批判与革命的精神，而马克思就是那个框架和纽带，他所代表的批判与革命的能力，就是我们最需要的骨架和"钙"。有了骨架和"钙"，知识才能站起来。

----

① 转引自 [法] 奥古斯特·科尔纽：《马克思恩格斯传》第一卷，刘丕坤、王以铸、杨静远译，持平校，生活·读书·新知三联书店 1963 年版，第 289—290 页。
② 西格蒙德·弗洛伊德（1856—1939），奥地利医生、心理学家、哲学家、精神分析学创始人。代表作有《梦的解析》等。
③ 涂尔干（1858—1917），法国社会学家，与卡尔·马克思和马克斯·韦伯并称为社会学的三大奠基人。

想想看吧——今天，我们到哪里去寻找 17 岁就立志为全人类的幸福而献身的少年呢？我们到哪里去寻找 23 岁便以批判和革命的精神，去探索人类解放道路的青年呢？

还有，我们到哪里去寻找苦苦思考"蜜蜂的活动和人的劳动有什么不同"这种问题的纯粹思想者呢？

你也许会说：算了吧！只有吃饱了撑得没事干的"哲学家"才思考这种奇怪的问题呢！

的确，尼采就是因为思考这种问题发疯了。有一次，尼采在路上见到马夫抽打一匹马，他突然冲过去抱着马的脖子痛哭起来，并哀求那个马夫不要鞭打"自由"。

"尼采和马"的故事，令我们想起卢梭在《论人类不平等的起源》中的名言：

> 文明人毫无怨言地戴着他的枷锁，野蛮人则决不肯向枷锁低头，他们宁愿在飘摇中享受自由，也不愿在安宁中遭受奴役，这正如一匹被驯服了的马，耐心地承受鞭笞和踢马刺，而一匹野马则一接近缰辔就竖起鬃毛，用马蹄踢地，激烈地抗拒。所以，我们不应当根据被奴役人民的堕落状态，而应当根据一切自由民族为反抗压迫而作出的惊人事迹来判断人的天性究竟是甘受奴役还是向往自由。①

是啊，一匹被驯养的马，虽不必像野马那样忍饥挨饿、四处觅食，

---

① ［法］卢梭：《论人类不平等的起源》，张庆博译，陕西人民出版社 2012 年版，第 79 页。

但却因为享受"嗟来之食"的安逸，而不得不遭受奴役和鞭打。家马与野马，究竟哪一个更幸福呢？

最值得深思的是：卢梭在这里所说的套在人类头上的"枷锁"究竟是什么呢？而卢梭说，那就是"文明"。因此他方才说："文明人毫无怨言地戴着他的枷锁"，而当人对于"文明"本身没有反思、没有批判的时候，他便不会感到自己是戴着枷锁的。

马克思与卢梭一样，认为人类戴着"文明的枷锁"，他提出的与之类似的问题就是：蜜蜂的活动和人的劳动有什么区别呢？这个伟大的哲学问题，出现在《资本论》中。马克思在《资本论》里说：

> 我们要考察的是专属于人的那种形式的劳动。蜘蛛的活动与织工的活动相似，蜜蜂建筑蜂房的本领使人间的许多建筑师感到惭愧。但是，最蹩脚的建筑师从一开始就比最灵巧的蜜蜂高明的地方，是他在用蜂蜡建筑蜂房以前，已经在自己的头脑中把它建成了。劳动过程结束时得到的结果，在这个过程开始时就已经在劳动者的表象中存在着，即已经观念地存在着。他不仅使自然物发生形式变化，同时他还在自然物中实现自己的目的，这个目的是他所知道的，是作为规律决定着他的活动的方式和方法的，他必须使他的意志服从这个目的。①

通过这个看似抽象的问题，马克思开创了反思人类文明的一个重要视野。后来的尼采、弗洛伊德、涂尔干、福柯②，甚至毛泽东，都是沿

---

① 《马克思恩格斯文集》第 5 卷，人民出版社 2009 年版，第 208 页。
② 米歇尔·福柯（1926—1984），法国哲学家、社会思想家和"思想系统的历史学家"。代表作有《疯癫与文明》、《性史》、《规训与惩罚》、《临床医学的诞生》等。

着马克思的方式来思考人类文明的。

什么是文明？文明是衡量人类进步的尺度，只有人类才能创造文明。为什么呢？因为文明就是法则，就是规范，就是规矩。我们建筑鸟巢体育馆，正如纺织工人织布一样，这是严格按照我们头脑中的法则去工作。但是，蜜蜂、蜘蛛，它们既不能习得法则，也不是按照法则来活动的，它们随心所欲、按照本能活动，于是，它们就不能创造文明。

依据法则、遵守规矩，这是创造文明的动力，是文明进步的基本条件。但非常不幸，法则、规范和规矩，同时也是对人的约束和压制，用卢梭的说法，它也是人类的"枷锁"。

想想看，青少年为何会有一个苦闷的青春期呢？因为从那时起，他（她）要学着适应社会、遵从各种社会法则，这个走向"成熟"的过程，就类似于卢梭所说的由"野马"变成"家马"的过程。而只有经历岁月荏苒，待到韶华不在，回忆早已逝去的青春和童真，人们才会像尼采那样不禁怆然。

弗洛伊德后来说，人的本性是追求快乐的，但文明却起源于对"快乐原则"的压抑，从这个意义上说，文明就是"受苦"，一切伟大文明的成果，都不过是"苦难"带来的"辉煌"、是"苦难"造成的"辉煌"。文王拘演周易，仲尼厄作春秋，司马迁受了宫刑，于是发愤著书，其实都说明了这个道理。

人们说劳动创造了文明，但黑格尔却说：劳动作为"实践教育"，它与其说是一种教育或教化，还不如说是一种"训练"或"驯化"。这种训练或驯化，与人对于动物的驯化几乎没有什么不同，它的目的与其说是在于解放人，还不如说是"在于限制人的活动，即一方面使其活动适应物质的性质，另一方面，而且是主要的，使其能适应别人的任性"。

而马克思则说，人类的劳动和蜜蜂的活动不同在于：一方面，人类劳动是把人头脑中的法则加诸物质世界；另一方面，劳动也是把法则加诸人的自由意志。前者是使自然服从法则，后者是使人（的自由意志）服从法则。

现代社会的进步、现代文明的发展，就体现为法则和规矩的进步，而这些法则和规矩，同时也是建立在空前的社会压迫的基础上，这种压迫，首先是对劳动者及其自由意志的压迫，这就是现代文明发展的辩证法。

如果说人类的历史是劳动的历史，那么，问题就在于用什么样的法则去衡量人类劳动。很早以前，人们是用金钱作为尺度来衡量劳动的，马克思那个时代的政治经济学家们，把货币作为衡量"一般劳动时间"的尺度，就这样，金钱成为了一切法律与法则的基础，成为了价值的度量衡，成为了价值尺度。

但是，在马克思看来，劳动的目的并不在金钱，而在人类的幸福，从这个意义上说，人类社会不仅是纯粹生产性的，因为社会还包括消费和休闲领域，这就包括住房、医疗、教育、养老和审美。马克思指出，人类不仅生产，而且还按照美的尺度去生产。

如果人们把金钱作为唯一的价值尺度，那么，就会为了追求赢利，而牺牲住房、养老、教育、医疗，牺牲一切人类更美好的精神追求，最终就会牺牲掉人性本身，即牺牲掉人类的肉体健康和精神健康，牺牲掉人类的"类本质"——这是一个费尔巴哈发明的词。在马克思看来，除了金钱之外，人类还有更值得追求的东西，这就是身体和精神的健康发展，为了追求金钱而牺牲这一切，是十足的疯狂和变态；一个纯粹以金钱为价值尺度的社会，是一个全然扭曲和颠倒的社会，这种社会是变态的，用一个专业的哲学术语来说，是异化的社会。

法律从根本上说是价值尺度，马克思对于价值尺度的思考，令人想起他十分欣赏的托马斯·莫尔的论述，在《乌托邦》一书中，莫尔说：

> 乌托邦人又觉得奇怪的是，黄金从其本身性质说毫无价值，竟在世界各地目前如此受到重视，以致人比黄金贱得多，而黄金之所以那样昂贵是由于人力所致以及供人使用所致。这是非常实在的情况，所以一个木偶般的傻子，不正直、不懂事，只是因为他手头有非常多的金币，就可以役使大批聪明人和好人。然而如果由于某种运道或是某种法律骗局（这种骗局如运道一样易于使贵者贱者互换地位），黄金从其主人手中转到他全家最卑微的杂役手中，这个主人无疑不久会去伺候他的旧仆人，似乎他是金币的附属物或外加物。而乌托邦人更感到惊奇而且也憎恨的是某些人的疯狂，这些人给富人几乎神圣的荣誉，只是由于富人有钱，他们自己既不欠富人的债，也并非在富人权力掌握之中。这些人很清楚富人吝啬小气，深信富人只要还活在世上一天，决不会从成堆现钱里取出一分钱给他们。[1]

如果金钱成为了价值尺度，那么，就必然会出现人比金钱下贱的情况；如果金钱成为衡量劳动的尺度，那么，劳动就不再是追求幸福生活的手段，劳动就丧失了主动性。因为那些掌握了金钱的"傻子"，就会驱使那些最有能力的人为他服役，因此，金钱不是建立了一种价值尺度，而是颠倒了人类的价值尺度，它颠倒了美与丑、善与恶、真与假、敌与友，它使世界疯狂，也使人类社会异化。

如果把法律建立在市民社会的价值尺度的基础上，那么，就等于把

---

① ［英］托马斯·莫尔：《乌托邦》，戴镏龄译，商务印书馆 1996 年版，第 70—71 页。

法律建立在金钱和私有财产的基础上，它的灾难性后果，将随着人类历史的发展日益被人们意识到。

从文明的辩证法角度观察世界，马克思发现了现代社会最根本的"异化"：劳动创造了世界，但这个世界则反过来构成了对于劳动者的压迫。现代文明的一切繁荣辉煌，都建立在无产阶级受苦受难的基础上，因此马克思说：无产阶级代表着"一个由于自己遭受普遍苦难而具有普遍性质的领域"。

对"文明"的反思，最终指向的就是文明对于人的"异化"这个命题，这是非常残酷的道理，所以大多数人都不敢正视它，而是竭力回避它，或者干脆把"异化"说得极其抽象、玄虚，使一般人不能懂得。

在马克思之前，英国杰出的企业家罗伯特·欧文① 就曾经说过，如果要问古往今来最伟大的革命家是谁，那么，他不是罗伯斯庇尔、克伦威尔或者华盛顿，而是一个叫作詹姆斯·瓦特的工人，因为这个工人制造的机器开启了工业革命。

由于工业革命，50 年前还需要 60 万人劳动才能获得的财富，如今2500 人就能够生产出来；如今，一个工人利用机器工作一小时，抵得上过去 60 个奴隶干一天所创造出的财富。瓦特的贡献还不止于此，因为蒸汽机还把被农业时代视为无用的煤炭变成了"工业的血液"，蜘蛛网般的铁路、航海线和莫尔斯所发明的电报，把世界联系为一体，从此之后，中国的茶叶可以供全欧洲享用，美洲的棉花可以供全亚洲制衣穿用。

---

① 罗伯特·欧文（1771—1858），英国空想社会主义者，也是一位实业家、慈善家。现代人事管理之父，人本管理的先驱。罗伯特·欧文是历史上第一个创立学前教育机构（托儿所、幼儿园）的教育理论家和实践者。代表作有《新社会观》、《新道德世界书》等。

试想一下，我们生活在怎样的时代吧！由于技术的发展、机器的采用，生产力成百上千倍地提高了，这样一来，全世界的劳动者就应该比产业革命之前大大地减少劳动时间和劳动量了吧？

　　可惜，事实却恰恰相反。随着机器的采用，劳动效率尽管极大地提高了，但工人却被抛入了苦海。

　　为什么会是这样?！

　　你想听听卢梭、尼采和马克思的回答吗？

　　他们的回答是：这就是因为人比动物"高明"，这就是因为人有"理性"，人有"自我"，人能够区分"自我"和"他者"，从而"我"便把世界和他人当作了自己的工具和对象。

　　人们通过劳动改造自然，使自然的东西成为人的产品、成为"我的东西"，这就是马克思所谓"使自然服从人的法则"；但是，人是在一定的社会条件下劳动的，是按照一定的社会法则劳动的，于是，劳动产品和劳动成果就不可能直接归于劳动者，而是归于他们所处社会里的"强者"，归于那个时代的社会法则的制定者，这就是马克思所谓"人使自己的自由意志服从社会法则"。

　　劳动者与他的劳动产品就是这样对立起来了，人与社会就是这样对立起来了，而"私人的利益"与"人类共同利益"也因此对立起来了。人感到社会的"共同利益"是外在于自己的、异己的压迫性力量，而劳动者则感到不是他们在创造世界，而是在以自己的血汗养肥那些骑在他们头上的"强者"，那些强者却反过来压迫他们——这究竟是什么道理？

　　马克思说，这就是"异化"。

　　马克思说，劳动"创造了宫殿，但是给工人创造了贫民窟。劳动创造了美，但是使工人变成畸形。劳动用机器代替了手工劳动，但是使一部分工人回到野蛮的劳动，并使另一部分工人变成机器。劳动生产了智慧，但是给工人产生了愚钝和痴呆。"——请不要把这些话看作什么哗众取宠的修辞手法。而实际上，"异化"理论根本就不抽象，下面便是我亲身经历的一个实例：

纽约有一家三角女性内衣公司，位于百老汇大街上。1911 年，这家公司的工厂发生火灾，由于车间的门被老板锁上了，结果 146 名女工被活活烧死。

那座大楼后来被纽约大学买下，而那座大楼，就是我在纽约大学工作时，每天上课的地方。

在 1911 年的时候，华丽的女性内衣仅仅是上层社会的专利，而对于那些被活活烧死的女工来说，她们的劳动产品（女性内衣）却是与她们自己完全无关的东西，甚至就是与她们的生命相对立的东西。

马克思和恩格斯成长于资产阶级家庭，他们的成长经历似乎与"悲惨"和"异化"这两个词其实毫无关系，但是，他们都清醒而深刻地意识到：金钱与权势是对人类文明的腐化，对于人类健康和幸福生活的追求，是与对金钱和权势的追求格格不入的。马克思绝不愿意为了名利和金钱的考虑，而放弃自己的思想和学术自由，他把人类的命运，作为衡量自己工作的尺度，而不是把金钱和地位作为衡量自己的价值尺度，于是，他离开了《莱茵报》的那个精英圈子，那个圈子的两位掌门人，后来一位成为了普鲁士总理，一位成为了德意志银行行长，如果马克思一直留在那个圈子里，他几乎注定会成为马克思部长、马克思行长，最不济，也会成为马克思校长。

青年马克思思考"异化"的出发点，既不是抽象的学术，也不是个人的经历，而是因为他走出了"自我"，接触到了"他人的悲惨"，并把他人的悲惨，当作了全人类的悲惨和自己的悲惨。

也就是说，马克思和恩格斯并不是在强调他们自己陷入了异化，从而呼喊着：必须把"我自己"从异化劳动中解放出来；恰恰相反，他们是主张"将别人从这种悲惨的异化劳动中解放出来"；而为了实现这个目标，即使抛弃"我自己"的高贵、幸福、富裕，粉身碎骨也在所不惜。

从任何标准来看，学识渊博的马克思和恩格斯都属于文明社会里的文化精英，只是与一般的文明人和文化精英不同，他们对自己置身其中的那种文化和文明，怀抱着深刻的批判和反思态度。

简而言之，所谓文化和文明就是一定社会的行为规范，无论我们叫它伦理也好，叫它科学知识、法律和等级秩序也罢，无非都是指一定社会中占支配地位的社会法则。只有人类才能创造文化和文明，只有人类才能习得文化和文明，这便是人区别于动物的地方。这些规范和规矩是人类发展进步的条件，但是，这种规范和秩序所造成的社会等级、社会差别、社会分工和社会角色的固化，却分裂着人类共同体，而这些社会法则也造成了对于人的压迫和束缚。

什么是真正的文化人和文明人呢？只有像马克思和恩格斯那样，对自己所处时代的文化和文明保持着深刻反思态度的人，才能称得上是真正的"有文化的人"。

当今世上的"文化精英"们，为什么会众口一词地反对马克思呢？这不过显示了他们自己根深蒂固的肤浅，因为这些人从来没有像卢梭、马克思、尼采那样，对他们置身其中的文化和文明怀抱清醒的批判和反思态度，而这样的人，根本就不是什么真正的文化人。

第五章

爱情的力量是

怎样帮马克思摆脱痛苦的？

人们生活在一个"异化"的、价值颠倒的荒谬世界里，在那里，一个傻子可以奴役一群聪明人，只是因为他有权；一个坏蛋可以役使一批好人，只是因为他有钱；一个面目可憎的老头可以随意玩弄青春少女，只是因为他有钱有势。

在那里，人们创造了劳动产品，却转过来拜倒在自己创造的商品面前，他们不能支配自己的产品，反而为自己的产品所支配；在那里，人们因为一己之私利而反对共同利益；在那里，劳动者不能支配自己的劳动产品，而是受尽了剥夺他们的劳动成果的人的支配；在那里，人们不断地自己反对自己、自己折磨自己；在那里，文明既是人类前进的动力，更是套在人类头上的锁链，而文明的每一次进步，在给人类带来一些益处的同时，也为他们套上了新的枷锁，于是，"生来自由的人，而今无时不处在枷锁中了！"马克思形象地把文明称之为"锁链上的花环"，他的这种思考足以使人崩溃。

在这样的世界里，那些最有能力的人，却被视为傻瓜和疯子，被视为弱智，因为这个世界不把思想能力、劳动能力视为能力，不把美德视为美德，而只把赚钱当官视为美德。马克思同时代的几位伟大人物，的确就是因为陷入到这种痛苦中难以自拔而走向了崩溃，他们作为那个时代最有力量的人，却在这样的"文明"社会里深深地陷入了"无能"，最终，猛烈的思想摧毁了他们的肉体，这其中就包括尼采与荷尔德林①。与马克思不同，尼采和荷尔德林是独自承受着思想的压力，孤独地生活在没有丝毫温暖与快乐的世界里，直至陷入疯狂。

与他们相比，马克思简直是太走运、太幸福了，命运之神仿佛从一开始，就分外眷顾特里尔的这位英俊少年。从少年时代起，马克思便得到了特里尔城最美丽的姑娘的青睐，而这个美若天仙的姑娘，这位令特里尔全城瞩目的上层社会舞会上的皇后，她的名字叫燕妮。

燕妮出身于一个更为"高大上"的家族，她的奶奶，出身于苏格兰的阿盖尔伯爵家族；她的爷爷，最初是布伦瑞克的斐迪南大公手下的机要秘书（一说民事枢密官），后来获得了贵族称号，而且，这两位还是在战场上相遇、定情的——这足够浪漫吧？

如果欧洲"三十年战争"造成了威斯特伐利亚体系，那么，随后的以奥地利、法国、瑞典、西班牙等为一方，以普鲁士、英国和葡萄牙为另一方之间所进行的"七年战争"（1756—1763）则成就了燕妮的爷爷和奶奶的姻缘。

在这场战争中，布伦瑞克公国加入英国一方对法作战，后来成为了燕妮爷爷的菲利普，则作为布伦瑞克公爵的机要秘书亲临战场，在前线，他邂逅了前来劳军的苏格兰伯爵小姐燕妮·维沙尔特·比特罗，而

---

① 弗里德里希·荷尔德林（1770—1843），德国著名诗人。古典浪漫派诗歌的先驱，曾被世界遗忘了将近一个世纪。图宾根大学神学院毕业，当过家庭教师，爱上了雇主的妻子，小说《希波琳》（1797—1799）是以她为模特儿创作的。1798年后因情场失意，身心交瘁，处于精神分裂状态。1802年徒步回到故乡。1804年在霍姆堡当图书管理员。1807年起精神完全错乱，生活不能自理。作品有诗歌《自由颂歌》、《人类颂歌》、《致德国人》、《为祖国而死》等。

燕妮·维沙尔特·比特罗的姐夫那时是英国策应军将领。

燕妮·维沙尔特·比特罗是阿尔盖伯爵小姐。当年，前来劳军的燕妮·维沙尔特·比特罗戴着一枚嵌有家族徽章的戒指——后来，这枚戒指传给了马克思的夫人燕妮。

实际上，马克思的夫人叫燕妮，马克思夫人的祖母也叫燕妮，马克思的大女儿还是叫燕妮，这对我们中国人来说，实在是一件容易搞糊涂的事情。

马克思的夫人燕妮，姓冯·威斯特华伦，带"冯"字的是大贵族，燕妮的父亲路德维希·冯·威斯特华伦，曾在拿破仑时代的威斯特伐利亚王国当过地方官（1807年，拿破仑把布伦瑞克公国合并进威斯特伐利亚王国，交由自己最钟爱的小弟弟热罗姆统治），后又在普鲁士治下的特里尔担任政区首席顾问（1816年起）、枢密顾问（1834年起）。由于父母的影响和教育，路德维希几乎可以算是个苏格兰人。而马克思对于莎士比亚的热爱，便是路德维希培养的结果——《共产党宣言》开篇的第一句话（"一个幽灵，共产主义的幽灵……"），灵感就来自莎士比亚的《哈姆雷特》的启发。

马克思的博士论文便是献给未来岳父的礼物——当然，那时候路德维希还不是他岳父。路德维希结过两次婚，燕妮还有几个兄弟姐妹，其中一个弟弟的名字叫埃德加尔·冯·威斯特华伦，哥哥的名字叫斐迪男·冯·威斯特华伦，马克思的这位大舅子，后来成为普鲁士的内务大臣。

燕妮是马克思的姐姐的闺蜜。马克思小时候便不是一个对人言听计从的"好孩子"，所以燕妮给他写情书时称他为"小野猪"。

大学时代的马克思一边钻研学业，一边给燕妮写情诗，那时，他们几乎每天通信。为了马克思，这位特里尔上层沙龙里、舞会上的皇后义无反顾地退出了社交圈，马克思那些字句滚烫的信，成为她唯一的精神寄托。

25 岁的新郎马克思去了科隆，在那里找到了自己人生第一个职业：编报纸——这就是《莱茵报》。

马克思很快就成为了《莱茵报》实际上的主笔。马克思非常会办报纸，因为他很会写辩论性的、鼓动性的文章，尤其擅长以反讽的笔触揭示矛盾，辩证法被他以杂文的方式，使用得出神入化。

例如，在《关于林木盗窃法的辩论》这篇文章中，马克思讽刺地说：把教会的林地私有化固然是一种进步，但是，正是由于这种"进步"，穷人反而不能在教会的林地里捡柴禾了。在关于自由贸易与贸易保护的辩论中，马克思讽刺地说：自由贸易有利于普鲁士中央政府，而贸易保护主义"保护"的只是地方既得利益者，而无论实行自由贸易还是贸易保护，一般的老百姓都只能是受害者。正是基于这种充满智慧的讽刺笔调和鲜明的批判立场，报纸立马就火了。

当然，马克思还写了一些理论性的文章，这些文章既批判了天主教，也批判了新教，马克思宣告"宗教是人民的鸦片"，只有破除宗教的、虚妄的分歧，德国人才能真正团结起来，当然，恰恰是这些理论文章既得罪了天主教徒，也得罪了当权的普鲁士新教朝廷。

在《莱茵报》的投资合伙人中，产生了普鲁士政坛上的许多大人物，其中最著名的是鲁道夫·康普豪森，马克思在金融资本方面所展现出的才华，令他钦佩、难忘，于是，鲁道夫·康普豪森在 1848 年 4 月被任命为普鲁士总理后做的第一件事，就是延揽马克思入阁。康普豪森非常希望马克思能够出任财政部部长或普鲁士银行行长。

这就是新婚燕尔的卡尔·马克思博士，他的父母尚属中产阶级，岳父是贵族高官，他娶了一位美若天仙的男爵小姐为妻，而他的朋友也都是社会精英，至于他自己，不但博学睿智，还有一份报酬丰厚的工作在他面前，灿烂的前程如平坦的大路一般展开。沿着这条平坦的大路，卡尔·马克思博士，他本来应该成为"马克思部长"、"马克思行长"，最不济也会成为"马克思教授"。

毫无疑问，马克思出身于统治阶级，更严格地说，他出身于统治阶级的上层。因此，他没有任何理由去憎恨和反抗统治阶级，他更没有任何理由因为这种憎恨，亲手毁掉自己如大路一样平坦的锦绣前程。

而燕妮恐怕就更是如此了，特里尔上流社会舞会上的皇后，理所当然地可以像今天的威廉王妃那样嫁入皇室。

这样的家世、这样的婚姻、这样的锦绣前程，简直是为童话里的主人公准备的，但是，这一切确实是命运原本为燕妮和马克思准备和安排好了的。

但是，马克思和燕妮却清醒地拒绝了这个童话，正像他们毕生清醒地拒绝以童话去装扮现实中的悲惨世界。马克思和燕妮都憎恨虚荣，因为正是那种中世纪的虚荣，使他们俩差一点没有走到一起。具体说来，燕妮出身贵族之家，是正宗的天主教徒，在这样的家庭眼里，马克思家就是个改宗了新教的犹太暴发户，地位不高。而从马克思的家庭看来，特别是在马克思富裕的母亲眼里，燕妮的家庭就是个破落户，与这样的家庭结亲，等于找了门穷亲戚，燕妮是个中看不中用的贵族小姐，她想嫁给马克思，甚至就是为了贪图自己的财产。

而当时最为流行的婚姻组合是巴尔扎克的《高老头》中所描写的那种联姻，即暴发户把女儿嫁给贵族，这样，贵族的儿子就会获得财产，而暴发户的女儿则会获得贵族头衔，但马克思和燕妮的婚姻却是恰恰相反的，就这样，这门门不当户不对的亲事，使这两位新人几乎同时丧失了门第与财富，马克思无法继承燕妮家的爵位，而燕妮则不能继承马克思家的财富。

马克思和燕妮，他们不是太理想了，而是太现实了。实际上，马克思和燕妮一生都生活在他们的现实中，而那个现实是"合理的现实"，只是这个"合理的现实"，与现时代流行的现实格格不入。马克思和燕妮，他们与尼采和荷尔德林一样，不肯与那种流行的现实做丝毫的妥协，而尼采和荷尔德林最终都发疯了，但马克思和燕妮，却是完全清醒地携手走过了一生。

为了忠于自己的命运、忠于自己的现实、忠于自己的思想，为了忠于自己的纯粹——马克思和燕妮可谓壮丽地背叛了只有上流社会才能独享的"文明"，因为这种"文明"，实际上是建立在大多数人受苦受难基础上的野蛮。他们也就是这样背叛了自己所属的阶级，随之抛弃了应得的荣华富贵，而等待他们的则是四处流亡、儿女夭殇。昔日家产尚属殷实的富家子沦为了穷人，而风华绝代的贵族小姐，为了一口面包却不得不反复典当祖母的嫁妆——而他们这样做，为的仅仅是把"他人"从受苦受难中拯救出来，为的是使"他人"也能享受"文明"。

这就是马克思和燕妮的爱情，这就是和"马克思主义"学说同样伟大的另一份光辉的人类遗产。那些关于马克思的书，很少谈到他的爱情，而讲到燕妮的内容，往往也不会很多。而此时此刻，当我感到应该、也必须谈到这一切的时候，却感到语言的力量是多么的苍白，面对这份巨大的遗产，我们究竟能够说些什么？

人们总是说，是马克思和恩格斯一起创造了关于人类解放的学说，但这种说法并不完整。因为那些在马克思生前和死后拼命诅咒他的人，并不仅是羡慕和嫉妒恩格斯与马克思之间那高尚的友谊。实际上，他们更为羡慕和嫉妒的是：马克思这个"小野猪"竟然获得了世上最美丽的女性坚贞不渝的爱情。于是，在马克思去世后，他们挖尽各种材料、制造各种小道消息，以此希望证明这爱情并不像传说的那样完美。因为在他们看来，马克思仅仅遭受流放和贫困还是不够的，这个人根本不配得到燕妮那份伟大的爱情，像尼采那样在孤独和发疯中死掉，这对马克思来说才是最好的。

实际上，马克思和燕妮从来就拒绝那些"关于神、关于标准人的虚假观念"，在他们看来，世上没有比那种"完美的观念人"更虚假的东西。

马克思是在清醒而不懈的工作中度过了战斗的一生、真实的一生，而马克思一生最重要的精神支柱当然就是燕妮。毫无疑问，恩格斯总是出现在马克思最为困难的时刻，但燕妮却与马克思分担着分分秒秒的艰辛。

马克思、恩格斯和燕妮，离开了这三个伟人中的任何一个，人类解放的学说都是完全不可想象的。

人们总以为马克思和恩格斯那种共产主义者一辈子都在战斗，他们的理论充满了阳刚之气，而这样的"堂堂男子汉"与多愁善感，与女性的柔情，与爱情似乎扯不上关系。甚至还有人以为，如果把马克思主义与"爱情"、与爱情的甜蜜和痛苦扯上关系，那便是对马克思主义的亵渎和污蔑。

这些人大错特错了！只要读一读马克思写给燕妮的情诗，只要读一读马克思与朋友们之间的通信，只要读一读当幼子死在自己怀中后马克思写给恩格斯那痛彻心扉的告白，你就会知道马克思是怎样一个深情似海的人。

卢梭说，一个人，当他长成英俊少年的时候，就会第一次去爱一个与自己完全没有血缘关系的人，而一个真正懂得什么是"爱"的人，则会为了爱人之所爱，牺牲自己的一切。卢梭说，这就是人间最伟大的爱情，是人之为人的东西，而这种爱，就是"博爱"——而这才是人类文明的真正基础。

也许，你会说，对啊！狄更斯《双城记》的主人公正是这样的人，但那只是个小说里的人。而我想告诉大家的是：这样的人在现实中真实地存在着，燕妮正是这样的人。或者说，她和马克思、恩格斯都是这样的人，他们正是为了爱人类，而牺牲了自己的一切。

因此，一个不懂得什么是"爱"的人，是绝不会懂得什么是马克思主义的，支持马克思主义者成为英勇无畏的男子汉和战士的东西，并不是别的什么，而正是博大的爱，正是人类相濡以沫的深情。

"升官发财，行往他处；贪生怕死，勿入斯门。"正是这种伟大的爱、这种英勇无畏的爱，才是马克思主义学说历经风雨洗礼，而在一代又一代青年才俊中焕发出不竭生命力的根源。

第六章

法应该建立在『伦理』的基础上，还是『公民道德』的基础上？

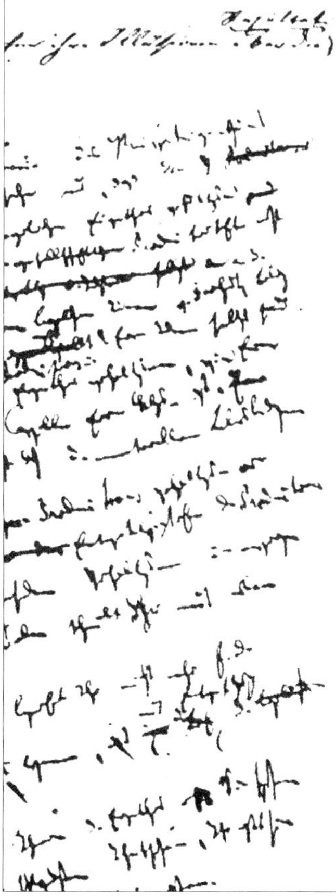

1843 年 3 月到 9 月之间，25 岁的马克思写下了《黑格尔法哲学批判》这部手稿，这是他度蜜月期间的作品。

　　值得一提的是：马克思一开始写作的目的，就是为了享受探寻真理的快乐，所以，他并没有发表这部手稿的打算。实际上，马克思一生总是反复强调，写作的目的"是为了解决使我苦恼的疑问"，"目的不是为了付印"，即使对于自己全部的经济学研究，特别是《资本论》，马克思也一向采用这样的态度。

　　什么是这篇手稿的主题呢？这篇手稿的主题是"法"。

　　法是社会文明的体现，而问题只在于"法"是什么，"法"应该落在什么基础上。

　　马克思的专业就是法学，他最初上的是波恩大学。普鲁士当局设立这所大学的目的，本是希望来自莱茵中上层家庭的年轻人，通过格式化教育以及东部省份贵族学生的影响，能被转化为地方上忠实的精英分子。不过事与愿违，一旦把两拨血气方刚的年轻人放在一起，造成的结果可能就是火并。

　　1833 年 4 月，在民主学生反对莱茵省议会的学潮被镇压下去以后，整个政治氛围陡然紧张起来。当马克思于 1836 年到达波恩时，当地还在搜捕嫌疑煽动学潮者。不过这一切与马克思本人的关系并不大，他一到波恩大学，就加入了特里尔同乡学生会，并在后一学期被选为同乡会主席。和其他大学生一样，马克思当时过着一种无忧无虑的生活，据相关史料记载，他还曾因为酗酒和破坏夜间安静，被罚过一天的禁闭。不过，最让马克思父母担心的，是当时大学生中风行一时的决斗。1836 年 8 月，马克思就在和另一名学生决斗时，伤到了右眼。1836 年 10 月，马克思在父亲的建议下，转入柏林大学法律系学习。

马克思是一位脑袋里充满法国自由思想的高材生，而柏林大学却是一所德国式的精英大学，它的办学目标就是培养贵族。而普鲁士立国之后，柏林大学的目标转变为培养第一流的国家官僚。父亲让马克思从波恩大学转学到柏林大学，就是希望马克思能够被培养成精英。

出乎意料的是，马克思进入柏林大学不久，便被黑格尔的学说迷住了。老马克思绝望地发现，那个每逢打架必冲锋在前的"小野猪"消失了，取而代之的却是每天"杂乱无章、漫无头绪地踯躅于知识的各个领域，在昏暗的油灯下胡思乱想，蓬头乱发，虽不在啤酒中消磨放任，却穿着学者的睡衣放荡不羁"的哲学家。也许老马克思一辈子都没搞清楚的问题是：黑格尔的神秘哲学与儿子需要学习的法律之间，究竟有什么必然联系？

实际上，大多数人都像马克思的父亲一样不清楚法哲学、法理学与法律学这三科之间的关系究竟是什么，因为法哲学是黑格尔独创的一门学问，在世界的其他大学里，几乎没有这门课程，而使马克思着迷的，恰恰就是"黑格尔这一派"的独门武功。

我们只需记住：德国意义上的法学，首先就是指法哲学，而不是全世界四处流行的法理学和法律学。那么，它们之间的区别究竟是什么呢？简而言之，法理学和法律学认为：法律的目的是为了维护个人的利益和权利，是为了防止人们做坏事；而法哲学则认为："法律的目的是促进公益，养成公德。"法理学和法律学的起点很低，低到"法无禁止皆可为，法有禁止不可为"，法律的宗旨就是保障个人利益的最大化；而法哲学的起点却很高，高到了要求我们去做一个服务于公益事业的公民。

进而言之，法律学是为"治理"而准备的，而法哲学却是为"善治"而准备的。

法哲学瞩目于良法与善治，追求理想的制度模式，而法律学瞩目于刑名责罚，追求的是"最不坏的制度"。如果再通俗一点说，法理学和法律学针对的是"小人"，而法哲学针对的则是"君子"。从这个意义上看，古代中国人所说的"法"，倒比较接近于德国人的"法哲学"，而不是现在流行的法理学或者法律学。因为中国古代意义上的法，包括了"德"与"刑"两个方面，且讲究"德主刑辅"，而法理学和法律学对于"法"的定义，却主要放在了"刑"这一个方面。

正因为法哲学和法理学、法律学不是一回事，因此，在德国，学习法学的"第一流人才"往往选择当教授，而第二流人才则选择当国家公务员，只有最差劲的才去当律师。

老马克思本来希望儿子当律师或者公务员，但是，自从接触到黑格尔学说，马克思便坚定地把"学者"作为自己人生职业的首选。黑格尔对马克思的影响，可谓是决定性的。

说实话，世界上最难懂的书，大概就数康德和黑格尔的著作，而黑格尔的书中最难懂的，大概就属《法哲学原理》了。不过，我们为了读懂马克思，就必须了解黑格尔的《法哲学原理》。阅读马克思虽说是件快乐的事，但读懂马克思，可也真不是一件容易的事情啊！

《法哲学原理》这本书，总而言之，讲的就是"法"是什么。全书共分两大部分，由三大篇构成。它的第一部分，即第一、二两篇，是从理论出发讲什么是法；而它的第二部分，即该书的第三篇，则是从现实出发讲什么是法。

该书的第一篇"抽象法"，讲法是外在的约束，其实，这就是我们所谓的法理学和法律学。而第二篇"道德"，讲法是内在的约束，讲法是人的内在要求。上述这两篇，都是从理论上讲"法"是什么。

《法哲学原理》的重心其实是第三篇"伦理"，因为这是从现实出发去讨论什么是法。黑格尔说，"伦理"是各个民族风俗习惯的结晶，因此，伦理是"不成文的法律"，一切现实中的法律，都必须以伦理为基础才能建立起来。黑格尔著作中这一部分的观点，与法国人孟德斯鸠在《论法的精神》中所阐述的观点非常相似。

黑格尔还说，伦理就像生命体一样，是会成长发展的，而它的发展有三个阶段：第一阶段是家庭，家庭代表"血亲之爱"；第二阶段是市民社会，它代表"对自我的爱"；第三阶段是国家，它代表对民族共同体的爱，即代表"博爱"。而黑格尔著作中这一部分的观点，又与卢梭在《爱弥尔》中所阐述的思想非常接近。

在当时的柏林大学，流行着两种法的观念：一种观念认为法是理念或者理论的产物，是固定不变的法则；一种观念认为法是历史的产物，它的基础是文化与习俗，黑格尔力图调和这两种观念。

那么，在《黑格尔法哲学批判》中，马克思究竟是怎样批判黑格尔的呢？

在马克思看来，黑格尔的缺点，就在于他"致命的自负"，而这种自负，并不在于黑格尔论证了人和上帝一样伟大，从而使人得以在此基础上，藐视世界上的一切权威——上帝、教皇、国王和老师。

在马克思看来，黑格尔最致命的自负，就来自于他所坚持的最朴素的一个常识，即他认为——人的伟大，首先在于人能够支配物。

黑格尔坚信，人的伟大，在于他能够支配物，而在马克思看来，这不仅是一种致命的自负，更是一种天大的冒险，也是一个根本性的错误。

"法哲学原理"是黑格尔在柏林大学开设的王牌课程，《法哲学原理》这本书，也是黑格尔生前出版的唯一一本讲义，这本讲义是黑格尔自行写作修订出版的。

其中，黑格尔这样说：

> 跟精神直接不同的东西，无论对精神来说或者在其自身中，一般都是外在的东西——即物，某种不自由的、无人格的以及无权的东西。
>
> 我把某物置于我自己外部力量的支配之下，这样就构成占有。同样，我由于自然需要、冲动和任性而把某物变成我自己的东西，这一特殊方面就是占有的特殊利益。但是，我作为自由意志在占有中成为我自己的对象，从而我初次成为现实的意志，这一方面则构成占有真实而合法的因素，即构成所有权的规定。

而马克思对于黑格尔的批判就是从这里开始，马克思的批判，简洁、明快，但有摧枯拉朽的颠覆力量。

他说：人能够支配物吗？不能。

请看！柏林到处都是制衣和制鞋工人，是他们创造了衣服和鞋子，是他们创造了物，但是，他们并不能支配这些物，却反过来被这些物支配。

再看看摆在商店橱窗里的那些华丽的衣服和鞋子吧！它们高高在上，象征着财富与权力，这些具有自由价格的商品，就好像是获得了自由的人格，而在他们面前，这些物的创造者们怎么样呢？实际上，在他们的创造物面前，他们自己却成为了"不自由的、无人格的以及无权的东西"，成为了被支配的"物"。

黑格尔的错误就在这里，而这意味着，黑格尔论述人类自由的基本前提错了。

经此一错，全盘皆错。

马克思说，"劳动创造了宫殿，但是给工人创造了贫民窟。劳动创造了美，但是使工人变成畸形"，这可不是哗众取宠、危言耸听，因为在尘土飞扬的柏林街头，你到处都能看到这样的景象。

黑格尔之所以是错误的，就是因为他没有看到：现实中，并不是人支配物，而是物支配人，黑格尔之所以是过分自负的，就是因为他没有看到：当人们摆脱了社会权威的支配之后，他们却被自己创造出来的、物的世界所支配。

这种思考问题的方式，使马克思几乎一下子就颠倒了黑格尔，而他的这个发现，在人类历史上划出了一个新的时代，对于今天生活在赛博世界的我们来说，他的这个发现依然栩栩如生，具有深刻的现实意义。

黑格尔的《法哲学原理》是对法国大革命的反思，也是对1806年普鲁士被法国击败教训的反思。黑格尔认为，自由不能建立在革命的基础上，法国大革命推翻了国王，破除了等级制，打碎了国家机器，但是，得到的却是雅各宾专政和不断革命造成的混乱，可见，革命不能带来自由，破除专制也不能带来自由——总之，破除人支配人的制度，这并不能带来自由，因为自由，只能建立在人对于物的支配之上，确切地说，自由只能建立在对私有财产的拥有和保护之上，一个没有财产的人，就不会有自由。

黑格尔指出，自由是在国家和个人之间的一个领域，这就是亚当·斯密所说的商业或者市场的领域，这个被称为市民社会的领域，是英国人的发明，所以，英国的道路可以使人们获得自由，而法国大革命指出的道路则不能。

黑格尔的上述论断，在后来的历史中经常被引用，以此来证明"英国道路"比"法国道路"更为优越。但是，后来的引用者们大多都误解了黑格尔，因为黑格尔毕生对肤浅的英国经验主义嗤之以鼻，他尖锐地批评说，英国式的市民社会，只能看到自己鼻子前面五米远的地方，市民社会里的人只关心个人利益，没有总体眼光，因此，就需要一个总体性国家来纠正市民社会的鼠目寸光。

实际上，马克思赞成财产是自由的保证，一个一无所有的人没有自由，贫穷不是社会主义，社会主义也不等于不分青红皂白剥夺一切私有财产。马克思反对的是作为特殊利益阶层的市民社会，在那里，一部分人拥有私有财产，成为了剥夺大部分人的条件；在那里，私有财产的存在与积累，是以无产阶级的存在为条件和前提的，这样，市民社会就成为了一个封闭的、排他性的体系，市民社会的必然崩溃，不在于它的鼠目寸光，自私自利，而在于它恰恰是一个消灭私有财产的体系，是一个不断制造无产阶级和制造贫困的体系。

人们常说：十九世纪是最坏的时代，也是最好的时代，这种说法其实就是一种植根于黑格尔哲学的感慨。黑格尔说，市民社会有好的一面，也有坏的一面，它创造财富，也制造贫困，国家的作用，就是保留市民社会好的一面，而纠正其坏的一面。多年之后，法国经济学家蒲鲁东在《贫困的哲学》中，就是这样模仿着黑格尔的腔调说：市民社会好的一面是"正题"，坏的一面是"反题"，而国家的调控就是"合题"。

但是，在马克思看来，真正能够纠正市民社会"坏的一面"的不是国家的调控，而是无产阶级的斗争，在 1847 年的《哲学的贫困》中，马克思讽刺说，无论多少谋士和经济学家为国家出谋划策，也不能改变市民社会坏的一面，要改变这坏的一面，只有通过无产阶级自己起来进行阶级斗争。

马克思对于国家的失望，是与他对基督教国家的批判紧密联系在一起的，在他看来，基督教的国家非但不是与市民社会对立的，而且这样的国家就是市民社会产生的温床。

黑格尔说，德国的法应该建立在普鲁士民族伦理的基础上，但是，究竟什么是普鲁士的伦理呢？马克思指出，这种伦理无非就是基督教的伦理罢了。因此，要批判普鲁士的法律，就必须批判它的基础——基督教伦理。马克思正是这样做的，为此他说了那句非常著名的话："宗教是人民的鸦片。"

接着，马克思揭露了基督教伦理与资产阶级社会的关系，他说：人与人之间的交往，被孤立的个人与上帝之间的交往所替代，这使教会成为后一种交往活动的中介。资产阶级就是从替教会收租放债的"中间人"中产生出来的，而把罗马的公共财产私有化的势力，就是基督教会。在此之后很久，资产阶级才通过坑蒙拐骗把教会的财产攫取到自己的手里。

正是通过揭露资产阶级社会与基督教伦理的关系，通过揭露"孤立的个人"是宗教的产物，马克思把"对宗教的批判变成对法的批判，对神学的批判变成对政治的批判"。而马克斯·韦伯的《新教伦理与资本主义精神》，正是从这个角度发展了马克思在《黑格尔法哲学批判》中首创的观点。

莱茵才俊马克思始终是把黑格尔的法哲学当作普鲁士官方哲学来对

待的。马克思认为，普鲁士一向以"神圣罗马帝国"的继承人自居，但它却并不知道，神圣罗马帝国并不是罗马共和制的继承人，因为它只是基督教会的继承人，是罗马公共财产的盗窃者，是罗马公民道德的摧毁者，是个装扮成继承人的小偷。

可见，当黑格尔在《法哲学原理》中声称"法"必须建立在"伦理"的基础上时，他其实是说：法律只能建立在基督教伦理的基础上，建立在孤独、孤立的"个人"的基础上，而不能建立在罗马的公民道德的基础上。

但马克思可不是普鲁士的官方哲学家，他青年时代的理想国是罗马城邦、是共和的法兰西。因此，马克思指出："良法"与"善治"只能建立在"公民道德"和"公共事业"的基础上，建立在人们的社会交往而非个人与上帝的交流的基础上，因此，我们必须在基督教和资产阶级市民社会之外，为法律找到新的基础和现实承载者。

毕竟，一个没有任何公共财富的社会不可能长久地维持下去，一个公共财富到处被盗取的社会也不可能有公德，更不可能真正地存在什么法律。这个世界要存在下去、健康发展，就必须有公共财富，因为只有在公共财富的基础上才能培植"公共道德"，而只有在公共道德的基础上，才能重建良法与善治。

什么是公共事业呢？社会的"公共事业"，就是指物质的生产与再生产，"吃喝住穿"构成了一切文明的基础，而在资本主义时代，承担这项公共事业的就是无产阶级。于是，《黑格尔法哲学批判》这样宣告：

> 无产阶级宣告迄今为止的世界制度的解体，只不过是揭示自己本身的存在的秘密，因为它就是这个世界制度的实际解体。无产阶级要求否定私有财产，只不过是把社会已经提升为无产阶级的原则

的东西……提升为社会的原则。①

《黑格尔法哲学批判》指出："世界制度"经历了两次大解体，第一次是罗马帝国的解体，西方社会私有化的进程，就肇始于基督教对于罗马公共财富的攫取，这一进程随着资产阶级"法权"的兴起达到了高潮；但同时也迎来了历史的转折，迎来了世界制度的第二次解体，迎来了以"万物私有化"为目标的世界制度的解体。

我们今天正面临着世界制度的第二次解体，盗窃公共财富的私有化进程如今遇到了挑战，而无产阶级就是那个历史进程的逆转者。

《黑格尔法哲学批判》第一次显示出马克思后来那种"伟大导师"的气质，虽然那个时候他还只是个刚刚声名鹊起的年轻编辑。继《论犹太人问题》之后，马克思尝试着再次对西方历史、人类历史作出崭新的描述，而这种描述是围绕着"世界制度"的两次大解体来展开的：一次是罗马帝国崩溃所代表的公共财富的解体；一次是由基督教肇始、由资产阶级推向高峰的私有化帝国的解体。

马克思是否超越了黑格尔呢？当然是的！黑格尔充其量只是现存世界制度的解释者，而马克思却预言了旧的世界制度的改变。

---

① 《马克思恩格斯文集》第 1 卷，人民出版社 2009 年版，第 17 页。

第七章

为什么马克思自称是黑格尔的学生，又反过来批判黑格尔呢？

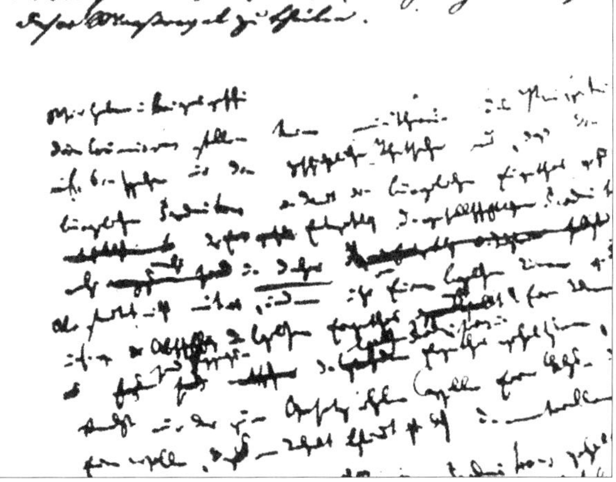

与黑格尔《法哲学原理》的枯燥晦涩相比，马克思的《黑格尔法哲学批判》堪称才华横溢的美文。实际上，马克思与黑格尔，这两个人从各个方面看，几乎都是"颠倒"的。例如，黑格尔是以一种普鲁士官方的腔调去叙述孟德斯鸠和卢梭的观点的，而马克思则完全是"倒过来"，他是用一双辩证的眼睛，去阅读德国古典哲学的。

《法哲学原理》中最有趣的部分，是关于"市民社会"的讨论。黑格尔说，普鲁士贵族代表道德和伦理的体系，普鲁士国家代表法律的体系，而市民社会则是"需要的体系"，是"满足欲望的体系"。市民社会里的人在追求欲望满足方面是平等的，所以，他们就处于彼此冲突和竞争的状态。因此，大学绝不是培养市民的地方，因为市民社会里的人只能看到自己鼻子尖前面五米远的地方，这是一些毫无"觉悟"的人，他们根本不知道自己需要什么。黑格尔高傲地嘲笑说：如果市民社会里的人就是"人民"，那么"人民就是不知道自己需要什么的那一部分人。知道别人需要什么，尤其知道自在自为的意志即理性需要什么，则是深刻认识和判断的结果，这恰巧不是人民的事情。"

但在马克思看来，问题完全相反，与普鲁士贵族相比，市民社会里的人恰恰是"知道自己需要什么"的人，因为他们知道"人们是互相需要的"，他们起码知道需要对方手里的商品，知道需要客户口袋里的钱。

马克思说，尽管市民社会里的"各个人互不依赖，仅仅通过交换结合在一起"，但是，他们却通过商品交换，直觉到"人们是互相需要的"这个简单道理。而实际上，这也就是一种"粗陋的唯物主义"。这种唯物主义尽管粗陋，但却比唯心主义更接近真理。从这个角度说，《法哲学原理》真正有价值的部分，就是关于市民社会的那一部分。"唯物主义"恰恰是从市民的哲学中诞生的，就当时的德国而言，正是西部莱茵省的工商业养活了东部的普鲁士，是普鲁士需要莱茵省的工商业，正是市民养活了容克贵族，而绝不是相反。黑格尔的理论体系之所以是"颠倒"的，这就是他的普鲁士官方立场所使然。

当然，马克思并不是第一个发现了这个简单真理的人，在他之前，亚当·斯密①、大卫·李嘉图②，特别是费尔巴哈都认为在物质上"互相需要"的人们，即"市民社会"才是历史发展的基础和动力。因此，"唯物主义"并不是马克思的发明，唯物主义起初只不过是一种市民的哲学，而这种学说是由法国启蒙运动、英国的政治经济学和费尔巴哈朴素的唯物论开创的。

马克思创立的是"实践唯物主义"，即他把辩证法的内容融入到了唯物主义之中，而辩证法则正是他从黑格尔那里继承来的。尽管马克思是从批判黑格尔来展开自己的思想的，但是，直到《资本论》出版的时候，马克思还是坚持说，他自己是黑格尔的学生，他为黑格尔感到

---

① 亚当·斯密（1723—1790），英国经济学家，资产阶级古典政治经济学最著名的代表人物。
② 大卫·李嘉图（1772—1823），英国经济学家，资产阶级古典政治经济学最著名的代表人物。

骄傲。

辩证法的核心，就是矛盾和斗争，而这正是黑格尔笔下"伦理的世界"成长、发展的动力。现在，马克思用这种观点来批判市民社会的学说。马克思说，问题并不在于抽象的市民社会，而在于市民社会内部的斗争。正是市民社会内部的矛盾和斗争，推动了市民社会的发展、运动和解体，并推动了整个人类历史的发展。

费尔巴哈、亚当·斯密等人的缺陷就在于：他们只是说"人们是互相需要的"，但他们没有看到，资本家需要工人，是因为工人能够给他们带来利润，而无产阶级却绝不需要资本家的剥削。因此，马克思说，"粗陋的唯物主义者们"只是用"人们互相需要"来说明现存制度的合理性，"然而一个真正的共产主义者的任务却在于推翻这种现存的东西"。

在粗陋的唯物主义那里，"市民社会"只是个死的、僵化的概念，是没有历史、没有发展的抽象观念。而这就是因为他们没有看到市民社会内部的斗争，所以，他们就不知道推动市民社会发展的动力是什么。

我们一定还记得，黑格尔曾经说过"伦理"是一个生命体，它是会成长发展的；同样的，马克思也说"市民社会"是一个生命体，它也是在成长和发展的。黑格尔说，伦理的发展经历了家庭、市民社会和国家这三个阶段；而马克思则说，市民社会的发展也经历了罗马、中世纪和资产阶级社会这三个阶段。马克思气势恢宏的历史视野与黑格尔完全一致，而这种恢宏的历史感，是亚当·斯密那种把"人们互相需要"视为天经地义的经济学家所不能企及的。

市民社会不是一个整体，而是由利益对立的阶级构成。阶级并不是"等级"，任何社会都有许多等级，而阶级则是那个能够把自己的利益说成是全社会的利益，并以此夺取和掌握政权的等级，一切时代的统治阶级都是从市民社会里成长起来的。

30 岁那年，在著名的《共产党宣言》中，马克思简明扼要地阐述了市民社会的历史发展，并把人类社会的历史浓缩为市民社会的发展史。人们常说，《共产党宣言》的那个段落讲的就是"阶级斗争的历史"，但这种说法还需前进一步。实际上，马克思在那里讲的是市民社会的发展历史，而所谓"阶级斗争"，只是从市民社会历史发展的学说中引申出来的一种具体历史现象。

值得深思的是，马克思后来在《路易·波拿巴的雾月十八日》中提出了更为深刻全面的论断：单纯的阶级斗争观点，往往会影响我们对错综复杂的社会利益关系作出具体的、真实的分析。因为在现实中，统治阶级中存在着严重的利益分歧，而被压迫者总是被自私和短见所束缚，他们很难形成一个政治上整齐划一的阶级。《共产党宣言》中所说的"整个社会日益分裂为两大敌对的阵营，分裂为两大相互直接对立的阶级"，只是一种"趋势"或未来可能性而已。

但不管怎样，在《共产党宣言》中，马克思就是用市民社会的发展史，代替了黑格尔所谓"伦理"的发展史。下面便是《共产党宣言》开篇那段著名的话，而 30 岁的马克思写下的这段话，正是他 25 岁时写作《黑格尔法哲学批判》思路的延续：

> 自由民和奴隶、贵族和平民、领主和农奴、行会师傅和帮工，一句话，压迫者和被压迫者，始终处于相互对立的地位，进行不断的、有时隐蔽有时公开的斗争，而每一次斗争的结局都是整个社会受到革命改造或者斗争的各阶级同归于尽。
>
> 在过去的各个历史时代，我们几乎到处都可以看到社会完全划分为各个不同的等级，看到社会地位分成多种多样的层次。在古罗

马，有贵族、骑士、平民、奴隶，在中世纪有封建主、臣仆、行会师傅、帮工、农奴……

从封建社会的灭亡中产生出来的现实资产阶级社会并没有消灭阶级对立。它只是用新的阶级、新的压迫条件、新的斗争形式代替了旧的。

但是，我们的时代，资产阶级时代，却有一个特点：它使阶级对立简单化了。整个社会日益分裂为两大敌对的阵营，分裂为两大相互直接对立的阶级：资产阶级和无产阶级。①

马克思为什么说黑格尔哲学是"头足倒置"的呢？其实，这无非是说：那种哲学不过是德国畸形发展的经济的写照。

什么是资本呢？"资本"这个词的原意就是"头脑"（caput），与之对立的则是"躯干"（corps），而"头足倒置"这句话，只有放到德国具体的语境中才能得到理解——当时的德国经济，已经为以罗斯柴尔德家族为首的金融资本集团所控制，金融炒作和虚拟经济压倒了实体经济的发展，而德国工业落后于英法等国，莱茵的工商业被压制，根本原因就在这里。

因此，在马克思看来，黑格尔所鼓吹的"德国道路"，不过代表着一种畸形的资本主义发展方式，而这就是他所谓的"买空卖空、票据投机以及没有任何现实基础的信用制度"，所谓"头足倒置"，就是这个意思。

正是在德国唯心主义，特别是黑格尔哲学中，埋藏着资本主义运动的逻辑和秘密。

---

① 《马克思恩格斯文集》第 2 卷，人民出版社 2009 年版，第 31—32 页。

1859 年，马克思的《政治经济学批判》第一分册出版之后，恩格斯为此写了著名的书评。恩格斯说，马克思的经济学与一切经济学不同的地方就在于，马克思的经济学不是那种"因为人们互相需要，所以就进行商品交换"的浅薄学说，不是亚当·斯密那种安于现状的小市民的唯物主义，而是斗争的、战斗的唯物主义，即辩证唯物主义。正如马克思所说，资本家需要工人，但是工人阶级需要的并不是资本家，工人阶级需要的是推翻现存世界。这种辩证法的思想，就是马克思从黑格尔那里继承来的。

但更重要的是，马克思在现代资本主义条件下，发展了黑格尔关于"主人—奴隶"的学说。黑格尔说，主人需要奴隶，是因为他需要"物质"；而奴隶需要主人，是因为他需要"精神"。而马克思则说，正如在古代社会，"主人"因为掌握了"精神"（宗教、文字和法律）而支配奴隶那样，在现代资本主义条件下，资本家因为掌握了"资本"（头脑）而支配着"劳动"（躯干）。

因此，资本推动世界、资本创造历史这种逻辑，就植根于黑格尔的精神推动世界、精神创造历史的唯心主义体系，而仅靠亚当·斯密那种立足于商品交换的小市民的唯物主义，则是根本不可能了解资本主义的。

当然，马克思用现实中生产与交往着的人，代替了黑格尔的"精神的人"。但是，马克思也清醒地认识到，资本主义社会的基本特征，它的运行逻辑，恰恰就是黑格尔所描述的那个样子：是"精神的人"在支配着"现实的人"，运动就是"精神"的自我复制、自我创造和自我生成，只不过在那里，"精神"采用了"资本"的形式罢了，因而，"精神的运动"，也无非就是指资本的自我循环和自我积累，于是，它方才表现为"虚拟经济"对于"实体经济"的支配，金融资本对于商业资本和工业资本的支配，表现为一小撮金融资本家对于世界的支配。

实际上，资本主义世界并没有走出黑格尔的咒符。黑格尔学说，正是对资本主义世界最抽象的表述。

"青年黑格尔派"无论从思想上、言论上怎样批判黑格尔，都是完全没有用的，因为现实的资本主义世界，恰恰是按照黑格尔的逻辑运行着、"头足倒置"地存在在那里。

可见，在思想和言论上批判和超越黑格尔是容易的，但是，要超越黑格尔的思想所代表着的现实制度，仅靠思想和言论上的批判却是完全无济于事的。于是，在《〈黑格尔法哲学批判〉导言》里，马克思说了如下著名的话：

> 批判的武器当然不能代替武器的批判，物质力量只能用物质力量来摧毁；但是理论一经掌握群众，也会变成物质力量。理论只要说服人 [ad hominem]，就能掌握群众；而理论只要彻底，就能说服人 [ad hominem]。所谓彻底，就是抓住事物的根本。而人的根本就是人本身。①

马克思认为，黑格尔学说是对资本主义世界最抽象的表述，要批判这个世界，就必须批判黑格尔，但要切实地了解这个世界，却离不开黑格尔的学说。这就是他一面批判黑格尔，同时又自称黑格尔的学生的原因。

---

① 《马克思恩格斯文集》第 1 卷，人民出版社 2009 年版，第 11 页。

第八章

什么是共产主义呢？

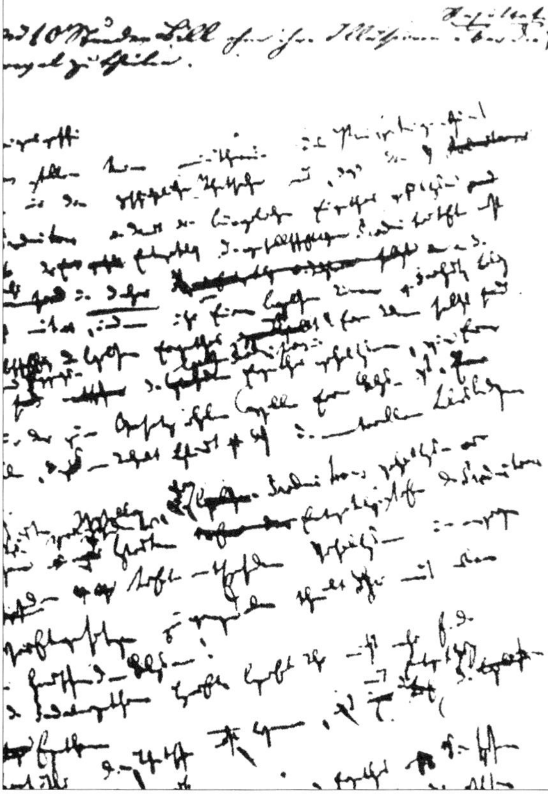

在用革命的思想改写了黑格尔晦涩的法哲学之后，马克思结束了《莱茵报》的工作，去了巴黎。

这种选择几乎是必然的，因为费尔巴哈曾经说过：一个真正的哲学家，在思想上应该是德—法混血儿，他必须有一颗法国母亲的充满爱意的物质主义心脏，同时，又有一个德国父亲严谨明晰的头脑。

正是为了完成使德国与法国在思想上"联姻"的工作，马克思和卢格一起，在巴黎创办了《德法年鉴》，在这个刊物的创刊号上，马克思预告说，他要继续《黑格尔法哲学批判》的工作，对法学和国家学进行批判。1844年约5月底6月初至8月之间，26岁的马克思写下了著名的《1844年经济学哲学手稿》，这篇手稿晦涩难懂，但却开启了博大精深的马克思主义，从某种角度来说，这部作品是伟大的《资本论》的前奏，在这里，马克思第一次全面展示了"马克思主义的方法论"。

这部作品从对"私有财产"的讨论开始，马克思在这里讨论的私有财产，不是"外在的私有财产"，而是"内在的私有财产"。外在的私有财产，比如说是继承来的、抢来的财产等，而马克思这里所说的私有财产，专门指劳动创造的私有财产。

私有财产是劳动创造的，这不是马克思的发明，而是约翰·洛克在《政府论》中的发明，他的著名例证是：你不能说水是你的私有财产，但如果我用水罐打水，这水罐的水就是我的私有财产，因为我为此付出了劳动，劳动创造产权的理论，是洛克提出的，这种对私有财产的理解，划出了一个新时代。

而亚当·斯密则说，不仅劳动创造产权，而且资本和地租也创造产权，资本和地租也创造财富和私有财产，马克思对比了洛克和斯密的观点，他指出：斯密对于洛克的修正，带来了一个严重的问题，这便是：如果那样，劳动者就不是为自己创造财富，而是为资本家创造资本，为地主创造地租，这样，劳动者就会感到，他是在为一种外在于自己的力量而工作，他工作的越多，资本和地租积累的越多，劳动者就越感到不是为自己工作，因为那样一来，他就会感到自己获得的越来越少——这样，劳动本身、劳动产品，就与劳动本身对立起来了，马克思用了一个艰涩的词来表述这种感觉——劳动的异化。

劳动创造产权，劳动创造私有财产，这在人类历史上划出了一个新时代。马克思指出，如果按照这个洛克的原则，那么，资本和地租也是劳动创造的，离开了劳动，金钱和土地都不能自动增殖。

接下来，马克思谈到了什么是社会主义，在这里，他高度肯定和赞扬了费尔巴哈。他指出，费尔巴哈就是德国的洛克，作为朴素的唯物主义者，费尔巴哈指出是人创造了上帝，而不是上帝创造了人。而在马克思看来，人就是人的感性活动，就是人对于自然和他人的需求，社会不是别的，就是人们的互相需求。

在这里，马克思第一次提出了什么是共产主义。马克思指出，既然劳动创造了资本和地租，那么，就必须使资本和地租为劳动服务，而不是倒过来——使劳动为资本和地租服务。德国社会主义者指出：人们的活动和需求创造了神和上帝，但反过来拜倒在神脚下——这是异化，那么，德国共产主义者则指出：人们创造了资本，但反过来拜倒在资本脚下，这是更大的异化。

在这一部分，马克思极为晦涩而深刻地说了这样的话：社会主义是人的不再以宗教的扬弃为中介的积极的自我意识，正像现实生活是人的不再以私有财产的扬弃即共产主义为中介的积极的现实一样。

随后，就是"对黑格尔辩证法和整个哲学的批判"。

马克思说，黑格尔对于劳动的理解是片面的，因为他理解的劳动就是精神劳动，甚至就是学术活动，因此，他的哲学就是新教的劳动神圣论，他没有看到劳动异化的一面，没有看到在资本和地租役使下的劳动，对于劳动者而言就是一种折磨和苦役。

接下来，马克思阐述了后来他在《资本论》中进一步阐发的"劳动的二重性"理论，即一方面，资本化的劳动，是劳动发展的一个更高的阶段，借助资本的力量，劳动分工和劳动规模都得到了飞跃性的发展，生产力得到了飞跃性发展，这是资本化劳动进步的一面；但是，资本对于劳动的支配和剥夺，这是资本化劳动恶劣的一面。

到此，马克思采用辩证法来阐释怎样对待"资本"这个问题，他运用了一个词——扬弃。他说，所谓"扬弃"，就是"把否定和保存即肯定结合起来"，也就是说，共产主义不是简单地否定资本，而是否定资本对于劳动的支配和独占，所谓"把否定和保存即肯定结合起来"，就是通过否定资本支配劳动，使资本为劳动支配。因此，共产主义者所反对的不是"资本"，而是资本家对于资本的垄断，从而要使资本为社会服务。

这是一个非常重要但却经常被误解的观点，而这也是理解马克思主义，特别是马克思主义辩证法的关键所在。

这部小册子的最后部分是"詹姆斯·穆勒《政治经济学原理》一书摘要"，这一部分提出了一个极为重要的观点：资本与货币的区别是什么。

马克思指出，资本是一种社会的创造，简而言之，资本就是信用化的货币，在这个意义上，股票、证券都是信用化的货币，这种信用化的货币，集中体现了资本的本质——资本是社会的造物。

马克思深刻地说：

> 信贷是对一个人的道德作出的国民经济学的判断。在信贷中，人本身代替了金属或纸币，成为交换的中介，但是人不是作为人，而是作为某种资本和利息的存在……在信贷关系中，不是货币被人取消，而是人本身变成了货币，或者是货币和人并为一体。人的个性本身、人的道德本身既成了买卖的物品，又成了货币存在于其中的物质。构成货币灵魂的物质、躯体的，是我自己的个人存在、我的肉体和血液、我的社会美德和声誉，而不是货币、纸币。[①]

《1844年经济学哲学手稿》很薄，但是，它却包含了马克思主义的几个关键问题：私有财产、劳动异化、感性活动、社会主义、共产主义，特别是如何理解资本。对于一般的读者来说，这些问题实在太深奥了，真正能够读懂这本小书的人，非常有限，而人们所抓住的，往往只是其中一个问题。实际上，人们往往只是从"异化"这个角度，去抽象地理解这本小书的贡献的。

20世纪80年代，中国所进行的"马克思主义与异化问题"的讨论，

---

① 《马克思恩格斯全集》第42卷，人民出版社1979年版，第22—23页。

就是围绕着这本小书进行的，周扬等学者抓住了其中的一句话，即"社会主义等于人道主义"，对社会主义做出了片面的理解。实际上，马克思的原话是："这种共产主义，作为完成了的自然主义＝人道主义，而作为完成了的人道主义＝自然主义，它是人和自然界之间、人和人之间的矛盾的真正解决，是存在和本质、对象化和自我确证、自由和必然、个体和类之间的斗争的真正解决。"

首先，在这里，马克思说的是共产主义，不是社会主义；其次，这些话是对费尔巴哈学说的改造，因为费尔巴哈的唯物主义就是自然主义，就是说人是自然的产物，人所有的一切——包括神与宗教，都是人对自然的感受，是人创造了神和宗教，而不是神和宗教创造了人，因此，这样的人道主义，就等于自然主义。

共产主义是说，资本是劳动的产物，因此，应该是劳动支配资本，而不是资本支配劳动，马克思只是从比喻的角度说，劳动支配资本，正如费尔巴哈所说的人创造上帝一样，是一种人道主义，也是一种自然主义。

使劳动支配资本，这需要无产阶级的斗争，这仅靠费尔巴哈那种抽象的爱是不行的，从这个意义上说，共产主义运动，是一场无产阶级和劳动者通过斗争，掌握支配资本的社会历史运动，它不是抽象的爱的说教。因此，共产主义和社会主义不是人道主义，起码不是资产阶级的人道主义。

今天，马克思所开启的关于异化问题的讨论，被不断地通俗化了。劳动的异化，表现为劳动者不能掌握生产工具，反而被劳动工具所控制，他在工具面前是全然被动的。马克思说：发明和使用机器是工业社会最大的进步，不过，正像并非工人支配机器，而是机器支配工人一样，如今是机器日益支配和掌握着人的命运。

今天看来，马克思对现代人类异化生存状态的描述已经超出了生产领域，被异化的也不仅仅是工人，尽管工人阶级是异化劳动的最大受害者。实际上，我们每个人都会有"自己逼迫自己"，被"身外之物"所诱惑、支配的强烈感受。异化就表现为人完全无法控制自己的命运，为了赚钱、为了出名，人们疲于奔命、永无尽头，而在这个异化的世界里，人们最大的不幸竟然是"到死了钱竟然还没花完"。

今天，"劳动的异化"在经济活动中已经发展到这样的程度：全部经济活动皆为利润和市场所支配，以至于这种支配完全不顾人的死活。

或许你马上就会说，经济活动被"看不见的手"（利润和市场）支配，这难道有错吗？这难道不是一种进步吗？在这个问题上，马克思的回答即便是放到今天依然是振聋发聩的，他说，如果仅仅把这看作进步，那你恐怕就还是个经济学的门外汉，因为你可能完全没有看到：如果商品仅为"利润"而存在，那么，在没有利润的情况下，销售者就会把食物毁掉而听任人们挨饿。所谓"生产过剩"的意思，并不是指生产和生活资料的极大丰富，而是指商品没有利润。由于商品仅为利润而存在，而在没有利润的情况下，商品就毫无价值，就成为了负担。

另一方面，如果货币政策掌握在少数人手里，那么他们就会恶意利用商品社会里这唯一的社会交往手段，即在经济活动最需要货币供给的时候，采取残酷的货币紧缩政策，而结果是怎么样呢？结果就是：仓库里的商品堆积如山，可是人们买不起；房屋被大规模闲置，但人们却没钱买或者租；而那些付不起房租的人被赶出来，不得不流落街头。

卢梭和黑格尔都说，把人们深深地结合在一起的力量应该是爱，从某种意义上说，他们是对的，因为这就是马克思对于"社会"的定义：互爱的人们的自由联合。我们今天依然还是会对孩子们说：劳动创造了文明，就是因为劳动起源于对他人的爱。爸爸妈妈每天辛勤工作，这首先是为了养家糊口，为了你们好好学习，为了爷爷奶奶安度晚年，他们不畏辛劳地工作，这首先就是因为他们对你们的爱。

但实际上，我们身边的社会却变得越来越冷漠了，这就是因为：不知从何时起，人们由互相依赖变成了"互相交换"，而"彼此需要"则变成了"有效需求"和"无效需求"。

亚当·斯密教诲我们说：在市场里，只有"有效需求者"和"有能力的消费者"才是唯一值得尊重的。市场绝不会爱没有消费能力的人，反过来说，没有消费能力的人在这样的社会里也找不到"爱"。由于人们打交道的唯一方式就是货币交换，于是，人劳动的能力、创造的能力，人的魅力，通通变成了人的购买力，从而，衡量一个人是否优秀的标准，就是他有没有钱、有没有购买力、能不能消费，而并不是他的劳动能力、思想能力、创造能力，更不是他的道德情操和爱心——马克思说，这与其说是人的"异化"，还不如说是人的堕落。

马克思固然很少具体阐释共产主义社会是什么样的，但这并非因为共产主义是一个比蓝天还遥远的理想、是子虚乌有的乌托邦。

在马克思看来，共产主义从来不是一种理想，恰恰相反，如果把共产主义理解为人类的公共事业，它的基础就是公共财富的不断壮大，那么，这种共产主义就是人类文明发生、发展的基础。实际上，我们的确很难设想，在没有任何公共事业、公共设施和公共财富的地方，文明能够立足生存。试想，如果我们把大自然彻底私有化，结果会怎样？如果我们不但把土地，而且把空气和水私有化了，人类文明还能够存在吗？因为现在已经有聪明的商人打算出售"灌装空气"了。

亚里士多德①在《政治学》中提出，所谓政治组织，就是指那种旨在促进集体福祉的组织，而法律的目的，就在于促进人的公德，而好的政治制度，无非就是两者相加：即既能促进集体福祉，又能促进人的公德的制度。他说：

> （但是）城邦不仅为生活而存在，实在应该为优良的生活而存在。假如它的目的只是为了生活（生存），那么，奴隶也可能组成奴隶的城邦，野兽或者也可以有野兽的城邦，然而在现在我们所知道的世界中，实际上并没有这类城邦，奴隶和野兽既不具备自由意志，也就不会组织那种旨在真正幸福的团体……可是，凡订有良法而有志于实行善政的城邦就必须操心全邦人民生活中的一切善德与恶行，所以，要不是徒有虚名，而真正无愧于一"城邦"者，必须以促进善德为目的。不然的话，一个政治团体就无异于一个军事同盟，……如果不是这样，法律也就无异于一些临时的合同，……法律只是"人们互不侵害对方权力的（临时）保证"而已，而法律的实际意义却应该是促成全邦人民都能进于善德和正义的（永久）制度。②

如果从亚里士多德上述的观点看去，那么，最大的讽刺性就是：资产阶级社会恰恰是对"公共事业"和"公德"完全不感兴趣的社会，也

---

① 亚里士多德（公元前384—公元前322），古希腊哲学家，在哲学上摇摆于唯物主义和唯心主义之间，奴隶主阶级的思想家，按其经济观点来说是奴隶占有制自然经济的维护者，他最先分析了价值的形式；柏拉图的学生。

② [古希腊] 亚里士多德：《政治学》，吴寿彭译，商务印书馆2014年版，第140—142页。

正是从这个意义上说，现代资产阶级社会就是一个没有"政治"的社会。而马克思说，这正是现代社会的危机所在。

在这个社会里，人们为什么会对政治越来越不感兴趣呢？这就是因为"公共事业"和"公德"彻底败坏了，从而使得"政治"得以立足的这两个基础被瓦解了。在万物私有化的进程中，政治变成了私人的勾当，甚至成为了一桩牟利的生意。法律不是以公民道德为基础，而是以私人伦理为基础，如今，甚至连头顶红十字的医院，也成了某些人敲诈病人的场所。传统社会固然也存在着统治者的腐败，但是，像现代资本主义社会这种建立在唯利是图基础上的"全民腐败"、"全社会腐败"，却是历史上从来没有出现过的。

这不仅是一个没有政治的社会，更是一个没有爱情的社会，因为爱情与政治一样，它生存的基础也被瓦解了。

在"巴黎手稿"① 的结尾，马克思说了一段很能打动年轻人心灵的话。马克思说，共产主义不是别的什么，共产主义就是人类爱情的真正基础，如果把这个基础抽掉了，爱情生长的土壤就被沙化了：

> 我们现在假定人就是人，而人对世界的关系是一种人的关系，那么你就只能用爱来交换爱，只能用信任来交换信任，等等。如果你想得到艺术的享受，那你就必须是一个有艺术修养的人。如果你想感化别人，那你就必须是一个实际上能鼓舞和推动别人前进的人。你对人和对自然界的一切关系，都必须是你的现实的个人生活的、与你的意志的对象相符合的特定表现。如果你在恋爱，但没有

① 《1844年经济学哲学手稿》是马克思于1844年初步探索政治经济学时写下的一部手稿。19世纪40年代，当时马克思（26岁）流亡在巴黎，写下这批手稿，所以又称"巴黎手稿"。

引起对方的爱，也就是说，如果你的爱作为爱没有使对方产生相应的爱，如果你作为恋爱者通过你的生命表现没有使你成为被爱的人，那么你的爱就是无力的，就是不幸。①

马克思在这里所说的，其实是现在的年轻人——生活在商品经济条件下的年轻人，在谈恋爱时都会遇到的问题：你究竟是要找一个有思想、有魅力、有道德情操、懂得爱的人呢，还是要找一个"有购买力"的人呢？因为现在也流行一种说法，它讲到了什么是幸福与不幸，这个说法是：宁肯坐在宝马车里哭，也不坐在自行车后面笑。

"巴黎手稿"提出了现代伦理学的根本问题。实际上，与共产主义、社会主义事业的挫折接踵而至的是：我们今天终于迎来了一个"不谈爱情"的时代。

什么是共产主义呢？或许我们可以这样说：如果有一天，你对现代政治感到厌倦；如果有一天你问自己为何到哪里都找不到真正的爱情；如果有一天你问自己：为什么我们总是控制不住赚钱、出名、攀比和支配他人的欲望；如果你发现自己不过是赚钱的工具而已；如果你终有一天发生了"人生和我们的世界究竟有什么意义"的疑问——那就去读读《1844年经济学哲学手稿》吧，你会知道共产主义并不遥远，而马克思的书，本来就是为你而写的。

---

① 《马克思恩格斯文集》第 1 卷，人民出版社 2009 年版，第 247—248 页。

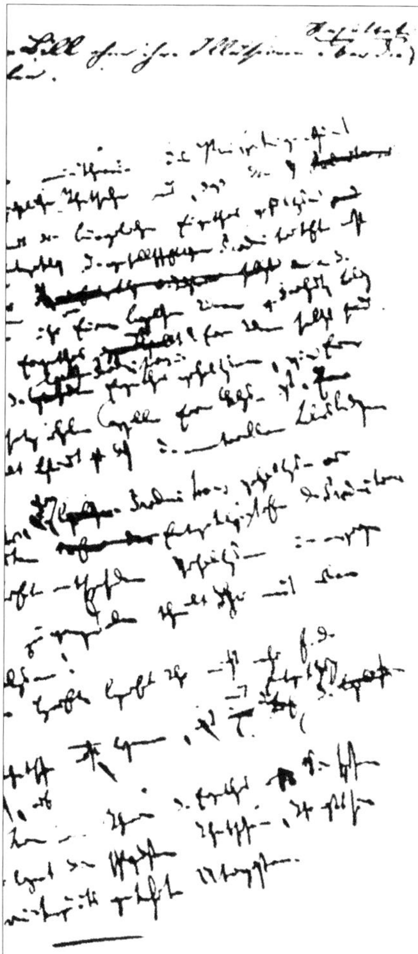

第九章

马克思与恩格斯是完全一致的吗？

在巴黎，马克思立志从经济史出发研究人类历史。后来被称为"经济史的年鉴学派"，就是马克思开创的。

在《德法年鉴》这本杂志的作者当中，有一个来自德国巴门的年轻人——23岁的弗里德里希·恩格斯——也来投稿，马克思很喜欢那篇稿子，这就是《国民经济学批判大纲》。马克思在《1844年经济学哲学手稿》的开头，就热情地推荐了这篇文章。但是，两人的首次碰面，实际上早在1842年——也就是马克思还在《莱茵报》编辑部时，那次不知何种原因，两人的会面并不融洽。

真正奠定两人友谊开端的历史性见面，是在1844年8月。马克思和恩格斯在巴黎的法兰西剧院旁的"雷让斯"咖啡馆里进行了愉快的交谈，两位伟大的革命导师在此灵魂相遇。

如今这家咖啡馆还在那里，是范尼大街[①]的地标。

这一次，他俩相见恨晚。恩格斯后来回忆说："当我1844年夏天在巴黎拜访马克思时，我们在一切理论领域中都显出意见完全一致，从此

---

① 范尼大街（rue Vanneau），也有人译作"田凫街"，位于巴黎最时髦的法布圣日耳曼区。

就开始了我们共同的工作。"

但实际上，他们俩在很多方面都是不一致的，这是两个风格、气质完全不同的人，夸张点地说，恩格斯几乎是一个完人，而马克思则并非常人。

无论用当时还是现在的标准看，恩格斯无疑都是一个真正的"富二代"——他的父亲是德国莱茵省巴门市一个纺织厂的厂主——他能够把所有的生活琐事安排得井井有条。恩格斯在各方面都是严格"有计划"的，而马克思并不是这样的人，马克思是一个把自己的生活搞得乱七八糟的人。马克思的工作永远是创造性的，因而总是没有计划——真正的天才大概都是这样的。实际上，"天才"马克思与自谦"有点才能"的恩格斯对资本主义的分析，以及对什么是社会主义的理解都是非常不同的。

在恩格斯看来，资本主义的弊病就是生产与交换的"无政府"，资本主义就等于市场经济，资本家就等于企业家。要救治这种无政府状态，就需要国家对市场的干预、规制和管理。恩格斯的理论，继承了亚里士多德的古典政治经济学，在《政治学》一书中，亚里士多德把市场的领域等同于家计，这是一个由家长支配奴隶劳动的领域，这个"私"的领域必须得到限制，如果它不是必须被取消的话，这个"生活领域"也只能从属于"美好生活"的领域。所谓美好生活的领域，就是自由人的联合，这是政治的领域，城邦不是市场、不是公司、不是一个法律的共同体，城邦是自由人的政治共同体。恩格斯所说的由国家来分配资源、主导交换的社会主义，类似于一种现代城邦政治。

而对马克思来说，资本主义恰恰是高度有组织化的制度，这种组织就是"资本"对于生产与交换的组织。资本主义制度毫无疑问是一种严密的组织形式，但却是人类历史上最被动的组织形式，因为这种"被动性"，已经化作金钱和资本的奴役，深深地扎根于人们的内心之中。资本主义的弊端当然不是市场经济，而是少数人通过资本垄断对社会生产力的支配。比起那些垄断了资本进而支配社会生产力的金融大鳄，恩格斯这种企业家只不过是社会生产组织中的一分子。资本家并不等于企业家，实际上，一切资本主义企业都是"负债经营"的，在企业家的头上挥舞着皮鞭的，是大股东和债权人无情的手，而马克思这样的知识分子和恩格斯这样的实干家，都可以看作"劳动人民的一部分"。

在马克思看来，市场经济固然不是亚当·斯密所谓的自由乐园，但是，它却是历史发展的必然产物，市场经济和市民社会存在的最严重问题，就在于人沦为物，即劳动者作为劳动力成为了在市场上买卖的商品，就在于劳动者不能支配自己的劳动产品——这种劳动产品不仅仅是一般意义上的"物"，尤其是指资本。

与亚里士多德、黑格尔和恩格斯不同，马克思认为，市场经济和市民社会不是可以被国家所替代的，这正如商品和资本，都不能简单地被国家取消一样。因为彼时的国家，就是市民社会的国家，无产阶级与资产阶级的斗争，就是在市民社会内部进行的，从市场经济和市民社会的外部，是不能克服市场经济和市民社会的弊端的。要克服这种弊端，就不能通过外部的国家强制，而是必须通过市民社会内部无产阶级的阶级斗争，这种阶级斗争的目标，不仅包括夺取并改造国家政权，而且，也包括实现劳动者对于资本的支配，而不是对于资本的取消。

马克思认为：资本主义制度的基本矛盾是"资本与劳动"之间的矛盾，是人们受奴役的、被动的联合与"自由的联合体"之间的矛盾，而不是恩格斯所说的"国家与市场"的矛盾——因为国家计划经济，同样是一种被动的经济组织形式。

我们研究马克思，必然会遇到的问题是：马克思和恩格斯的思想是否完全一致？还是说，两人总体一致，但在某些方向上有所区别？抑或，两人完全是对立的？

他们之间的区别也包括写作态度上的不同。对恩格斯来说，写作的目的就是为了发表并产生影响，最好是产生轰动；对马克思而言却并非如此，在马克思看来，写作不过是面对和解决自己提出的问题，至于是否发表则几乎是无所谓的事情。不过，自他们相遇伊始，恩格斯便不断地监督马克思工作：赶快干吧，天才！赶紧把你的东西写出来！更重要的是，立即制订一个时间表，迅速地、有计划地把你写的东西刊发出来！

1844 年 10 月，他们见面后不久，恩格斯就给马克思写了一封信，以命令的口吻说："现在你要设法赶快把你所收集的材料发表出来。早就是该这样做的时候了。"但是，如果马克思能够为自己规定一个时限去完成什么事，他就不是马克思了。马克思不是为了发表而写作的，他的著作往往是停留在手稿阶段，恩格斯对他的希望是无法实现的。实际上，要等到二十多年之后，《资本论》的第一卷才最终付印。

他们的合作起初也并不顺利，以至于写下了马克思主义经典中最乏味的作品，但是，有一部没有写完的著作《德意志意识形态》，最终成为了伟大的经典。而正是这部经典，成为马克思主义哲学创立的标志。

《德意志意识形态》这部经典著作，是马克思和恩格斯于 1845—1846 年 5 月期间共同撰写的。当时的马克思只有 28 岁，而恩格斯比马克思还小两岁半，其时只有 26 岁。

马克思和恩格斯后来那两张蓄满胡须的"标准照"给我们造成的错觉是——只有长得像圣诞老人那样的人，才配称为"革命导师"，而实际上这完全是错觉。两位革命导师是在二十几岁的时候，便提出了他们关于人类社会发展规律的科学理论，这完全就是一个人间奇迹。

在这部手稿中，马克思和恩格斯究竟共同创造了什么呢？当然，他们共同创造了马克思主义学说。而真正的问题是：究竟什么是马克思主义呢？

如果要用一句话来说清楚这个问题，"难度系数"可实在是太高了。既然当下大家的时间和耐心都是极有限的，那么，我们只好干脆直接去挑战一下这个难度系数最高的问题吧。

简而言之，马克思主义就是关于"人类社会发展规律"的学说。马克思和恩格斯所研究的东西，就是他们自己所说的"人类史"。

而这就体现为《德意志意识形态》这部手稿上被涂改掉的一段话：

> 我们仅仅知道一门唯一的科学，即历史科学。历史可以从两方面来考察，可以把它划分为自然史和人类史。但这两方面是不可分割的；只要有人存在，自然史和人类史就彼此相互制约。自然史，即所谓自然科学，我们在这里不谈；我们需要深入研究的是人类史，因为几乎整个意识形态不是曲解人类史，就是完全撇开人类史。意识形态本身只不过是这一历史的一个方面。①

那么，什么是马克思主义呢？

马克思主义学说就是对"人类史"的研究，而这两位"导师"的研究目标，就是要发现人类社会和历史的发展规律——这便是对"什么是马克思主义"的第一个回答。

马克思主义的基本方法和路径又是什么呢？

好在不用我们白费力气，《德意志意识形态》用一句话，就说明了

---

① 《马克思恩格斯文集》第 1 卷，人民出版社 2009 年版，第 516 页脚注 ②。

这个问题，而这便是：

> 经验的观察应当根据经验来揭示社会结构和政治结构同生产的联系，而不应当带有任何神秘和思辨的色彩。①

这句话非常了不起，因为在他们之前，还真没有人是这么想、这样做的。在他们之前，人们研究人类和人类史，都是从宗教、概念、普遍的范畴出发的。此前的研究认为：一切社会制度、政治制度、文明形态，都是这些普遍的东西的"表象"或者"幻影"。

让我简单地解释一下马克思和恩格斯提出的这句话，它的第一个意思是说：人类历史，就是人类通过劳动，不断认识、确证、提升其能力的历史，也是人类的需要不断被满足的历史。但是，直到人类历史的社会主义阶段，人们能力的发展还是不均衡的，人们需求的满足还是不充分的，社会主义只是充分自觉地意识到人类历史发展必然性的一个历史阶段，"因为对社会主义的人来说，整个所谓世界历史不外是人通过人的劳动而诞生的过程"——然而，这个社会主义阶段只是为共产主义做准备，社会主义依然还处于人类的"史前史"。这就是马克思所说的："全部历史是为了使'人'成为感性意识的对象和使'人作为人'的需要成为需要而作准备的历史（发展的历史）。"

其次，它的意思其实就是说：由于在相当长的历史时期，人类能力发展是不均衡的，人类需求的满足是不充分的，就产生了在特定时代看来是"经济的"即有效率的支配劳动成果的制度，而一切社会结构和政治结构，都只不过是"人们支配和占有生产活动及其成果"的手段。因

---

① 《马克思恩格斯文集》第 1 卷，人民出版社 2009 年版，第 524 页。

此，它们都不是神圣的、神秘的，都不是凭空产生的，都不是从天上掉下来的，而是根据当时人们的能力、人们需求满足的程度，历史的形成的。

接下来的第三个问题也很重要：究竟什么是人们支配和占有生产活动及其成果的手段？或者说，究竟什么是"社会结构"和"政治结构"的实质呢？

马克思和恩格斯可真是伟大的天才啊！因为这一回，他们仅用两个词就回答了这个问题，那就是"分工"和"私有制"。而且，他们还说，这两个词，其实是同一个意思。

什么是分工呢？说起来大家一定不会陌生的。比如说，女人天生就没有事业，女人的事业就是干家务，就是相夫教子。比如说，劳心者治人，劳力者治于人。这就是分工，它也表现了私有制的实质。

但是，你马上会想：亚当·斯密早就说过，分工是生产力发展和社会进步的手段，难道马克思和恩格斯要反对这种人类进步和发展的基本手段吗？马克思和恩格斯最荒谬的地方，难道不就是他们的学说妄图消灭分工、消灭私有制吗？

你也许还会说：马克思和恩格斯之所以会成为伟大导师，这首先就因为他们是"富二代"，因为家里有钱，他们才能读那么多的书，才有闲工夫去想那些深奥的问题，他们并不是真正的无产阶级。真正的无产阶级根本没钱读书，他们必须要为面包而拼命打工，所以，真正的无产阶级根本看不懂《德意志意识形态》，更不要说《资本论》了。恭喜你啦，因为在这一点上，你又说对了答案。

如果马克思和恩格斯真像有些人想象的那么简单幼稚、不近人情，那就根本不用谁来批判他们，他们的著作，早就沦为了"留给老鼠的牙齿去批判"的废纸了。

实际上，正是马克思和恩格斯讲出了被亚当·斯密所抽象表述的"分工"所掩盖的简单事实：分工固然是必需的，但是，分工固化为"阶级"和既得利益集团，这就是另外一个问题了。

人类历史上最大的社会分工，就是脑力劳动与体力劳动之间的分化。但是，这种分工绝不是永恒的、不是不可改变的。如果你认为龙生龙凤生凤，有人生来就是掌权的，有人生来就是被统治的，那你这种看法就是完全荒谬的，因为这样的"分工"造成的阶级压迫，早晚是会被"革命"推翻的。

千万不要以为马克思主义学说就是简单地鼓动"造反"与"革命"。马克思和恩格斯只不过是科学地发现：由于"社会生产力"的不断发展，固化的分工方式，利益集团把持的所有制形式，势必会被不断地打破。

这其实是很简单的道理啊！马云的老爹并不是比尔·盖茨，门口摊煎饼的"老溥"家的祖宗倒可能是皇帝，而旧的社会分工不断被打破，既定的阶级关系、等级秩序不断被重组，这并非《红楼梦》里所说的"乱哄哄，你方唱罢我登场，反认他乡是故乡"，而这只不过是"生产力"发展的必然结果。

马克思指出，"生产力与交往形式之间的矛盾"，在迄今为止的历史上表现为多次，每一次都不可避免地发展为社会改革与社会革命。

比如说，在信息完全闭塞、交通极其落后的条件下，"喜儿只能到黄世仁家当丫鬟"，她只能把这种"分工"当作天经地义的"命运"接受下来，否则只好逃到深山里面当"白毛女"。但是，如果是处于革命动荡时期，革命造成的人口流动和交往的普遍性，把封闭的地域空间打破了，正像《智取威虎山》里"火车开进了夹皮沟"一样，外面世界的信息和道理，也传进了"喜儿们"生活的"杨家庄"，而旧的分工体系、旧的社会关系，即使在山高皇帝远的"杨家庄"、深山老林的"夹皮沟"，便再也不能继续存在下去了。

正是在这篇划时代的文献里，马克思和恩格斯第一次采用了这样的表述："生产力"的不断发展，推动着"生产关系"的不断变革。或者更简短地说：人类社会发展的基本矛盾，就是生产力与生产关系之间的矛盾。

他们还指出：上述矛盾，在"大工业"时代表现得最为突出。也就是说，在飞机、轮船、火车、电报、电话已经把全世界日益紧密地联系在一起的时候，资本家集团却妄图把工人捆缚在自己的工厂里，妄图独占生产力发展的成果，而从马克思的理论来看，这是根本做不到的。

那么，资本家这个既得利益集团究竟是怎样做到这一点的呢？要想做到这一点，那就需要一种特定的社会制度形式、特定的政治强制手段——而这就是资本家阶级的阶级专政。

这就回到了这篇著作开头提出的命题：一定的社会形式、政治形式，无非是人们组织生产活动和分配劳动成果的特定方式。

为什么说《德意志意识形态》是划时代的伟大作品呢？因为自从马克思和恩格斯提出上述命题之后，人类观察自己和观察自己历史的方式便焕然一新了。

比如说，几千年来，我们中国人观察自己历史的方式就是"忠孝节义"这种普遍的观念、这些"意识形态"。一部《资治通鉴》，固然写得天花乱坠，也不过总是在这四个字里打圈圈而已，而我们对自己历史的理解，其实也就是在这四个字里面打圈圈。因此，毛泽东方才这样说，自从我们学习了马克思主义，中国的面貌就焕然一新了，而我们对自己历史的理解也焕然一新了。

马克思的学说不仅科学地分析了人类历史，而且也直指我们的现实，因为写于一百多年前的《德意志意识形态》，似乎突然间就提出了一个直指我们当今世界的、令人惊异的论断：在经济"全球化"的时代，每当工人阶级通过斗争要求改善劳动待遇的时候，资本家就会把"血汗工厂"迁到工资更为廉价、工人阶级组织能力更低的地方，从而使工人阶级的斗争陷入困境和失败。而资本家阶级之所以能够做到这一点，正是因为他们能够利用特定的社会政治制度来对抗"生产力的全球联合"，其要害就是一方面维护"资本"的全球自由流动，而另一方面却在制度上把劳动者束缚在狭小的地域、狭窄的分工之中，从而使全世界的劳动者不能在"全球"的意义上联合起来。

于是，马克思和恩格斯再次提出了"共产主义"这个命题，而这一次却是从人类发展史的角度，从科学的角度提出的。简而言之，在这里，这样的共产主义可以归结为一句话：建立一种与"全球生产力"相适合的生产关系、全球交往方式。

马克思和恩格斯认为，共产主义的可能与否，就取决于以下两点：第一，全世界劳动者建立在互相信任、互相依赖基础上的、主动的政治联合。第二，建立在全世界劳动者互相信任基础上的、全新的"信用体系"，以取代资本家对于资本和现有的国际信用体系的垄断。

《德意志意识形态》这部手稿的叙述，到此戛然而止。

《德意志意识形态》表明，马克思和恩格斯在研究人类史的基本方法、基本原理方面是一致的，马克思与恩格斯的确是"联手创造"了关于人类解放的科学理论——尽管他们并非在每一个学术观点上都是完全一致的。

第十章

为什么说苏联版的

社会主义是不成功的，

西方的资本主义也是不成功的？

当然，《德意志意识形态》还并不是一部从正面痛快淋漓地阐述马克思主义学说的文献。因为那个时候，两位"伟大导师"实在是太年轻了，而他们想要在一篇文章中阐述的东西又实在是太多了：在《德意志意识形态》中，他们一面"扬弃"着费尔巴哈"经验的唯物主义"，一面批判着黑格尔和"青年黑格尔派"的主观唯心主义，一面还阐述着自己的伟大发现——这就好像是两个人同时在弹三架钢琴一样，顾此失彼是难免的。

但是，历史很快就给了他们全面地、痛快淋漓地阐述自己伟大发现的机缘。

1848 年年初，马克思和恩格斯在布鲁塞尔写了一个广告传单一样的小册子，这就是《共产党宣言》。这是他们为即将成立的"共产主义者同盟"写的纲领，后来，它成为了世界上被阅读得最多的一本书，是全世界劳动者的"圣经"。

值得一提的是，最初承担纲领起草任务的并不是马克思，而是恩格斯。恩格斯起初拟定的题目也不叫《共产党宣言》，而是叫《共产主义信条草案》（起草于 1847 年 6 月），然后，又改叫《共产主义原理》（起草于 1847 年 10 月底）。他还天才地采用了自问自答的方式，一口气给文稿（《共产主义原理》）设置了 25 个问题。但由于每个答案都各不相同，结果文章越写越长，问题越扯越远，以至于回答到第 4 个问题时，答案已经太长了，根本就不像是问答了。到此为止，28 岁的恩格斯只能承认能力不济、气力不支，而到了这一步，他就只能求助于马克思了。恩格斯写信给马克思分配工作说："我们最好不要采用那种教义问答形式，而把这个文本题名为《共产主义宣言》。"

时年 30 岁的"大哥"马克思半途接手了这项工作，他知道自己必须完全重写，但是他的"拖延症"又犯了，以至于共产主义者同盟中央委员会于 1848 年 1 月末发出了一封"鸡毛信"，以半央求半警告的口气告诉马克思：如果他一周内还不能把文稿邮寄过来，那精心准备的大会就可能告吹了。

我们可以想象一下马克思工作时的情景：隆冬的布鲁塞尔，在一间租来的简陋公寓里，他时而奋笔疾书，时而突然停笔，起身绕着书桌踱步，然后划掉前面写下的一些内容，再次重新起笔，在稿子上留下左撇子难以辨识的字迹，他英俊的面容因为劳累而憔悴，乌黑的发须间已经显露出灰白的颜色。马克思就这样不断工作，不断修改，夜以继日。

马克思的反复修改是有道理的，因为他最终写出的是人类历史上最灿烂的华彩乐章。

如果说《共产党宣言》给马克思带来了什么，我们不妨从一张 1848 年的照片看去，30 岁的马克思仿佛是一夜之间就白了少年头——而那正是《共产党宣言》发表后不久。

就像世上最天才的演奏大师，能够出神入化地把主旋律分化为几个复调、又反复地把绚丽的复调升华为主旋律一样，《共产党宣言》不是哲学、经济、文学、历史、地理著作中的哪一种，而是把上述所有思想和表述方式打碎，又重新融合为一体的伟大创造。这种凤凰涅槃般的创造力，使它成为现代社会科学诸学科的基础。《共产党宣言》宣告了一种全新的思想和表述方式的诞生。

《共产党宣言》属于那种永远不会过时的经典，因此对它的任何赞颂都是多余的，我们只能一遍遍地大声朗读它，从心底深处去聆听它的呼唤，就像黑夜召唤大地，就像母亲召唤孩子回家。

《共产党宣言》的确是从黑夜的描述开始的，古老的传统就像幽灵一样升起，那是古罗马共和精神的呼唤——看啊！"一个幽灵，共产主义的幽灵，在欧洲游荡。……"

接下来的文字如战鼓隆隆，马克思为《共产党宣言》选择的出世方式不是自问自答，而是直抒胸臆、痛快淋漓，如同无坚不摧的罗马军团对敌人下的战表。

马克思以市民社会的发展开篇，简明扼要地总结了人类历史，并且归结为正文开篇斩钉截铁的一句话：

至今一切社会的历史都是阶级斗争的历史。[1]

马克思用几句话就点透了人类历史：历史是人类交往的历史，是人类的能力不断提升的历史，有什么样的交往方式，就有什么样的交换形式，也就是有什么样的市民社会，在这样的交往形式、交换方式的基础上，方才形成了不同形式的国家和意识形态。

而我们最深切地认识到这一点的，就是随着资产阶级革命而产生的世界市场，于是，交响乐的第二乐章更是气势磅礴，马克思的叙述转向

---

[1] 《马克思恩格斯文集》第 2 卷，人民出版社 2009 年版，第 31 页。

了辽阔恢宏的世界舞台：新大陆的发现、运河的开拓、奔驰的火车与轮船……然后再伴随着隆隆的机车轮声，转回到欧洲大工业时代的工厂：通红的炉火、轰鸣的机器、挥汗如雨的工人、剥削压迫和阶级斗争……

什么是《共产党宣言》的基本结构呢？它的基本结构是这样的：《共产党宣言》对人类史、对"时间"的叙述，烘托的是"生产力"发展这条主线，而对世界、对"空间"的叙述，则是以人们"交往方式"的扩展为主线展开的。这样的大手笔，在此前的人类文明史上的确从来没有出现过！

更重要的是，马克思以此阐述了一个划时代的真理，他说："战争本身还是一种通常的交往方式。"而欧洲正是通过旷日持久的混战，锻造出军商合一、资本与强权联合的制度，凭借这一利器，欧洲以大炮开拓出世界市场，而所谓资本主义制度，便产生于向海外殖民战争投资的金融革命，"世界市场"的形成以及"经济全球化"时代的到来，就是这场混杂着铁与火的资产阶级革命的最大成果。

马克思真理性地揭示了资本主义的历史起源：而这就是"战争与金融"，或者"暴力与资本"。

不过，在马克思之外，还有两种关于资本主义起源的说法。一种是由马克斯·韦伯提出的，那就是宗教和文化。他认为是"新教徒的禁欲精神"，形成了资本积累的动力，导致了资本家的产生；而另外一种说法则是由德国社会学家维尔纳·桑巴特[①]提出的，不过那听起来倒更像

---

① 维尔纳·桑巴特（1863—1941），德国经济学家、社会学家。早年在柏林和罗马学习法律、经济学、历史学和哲学。桑巴特曾与马克斯·韦伯参加创立德国社会学会的工作，并合办了《社会科学与社会政策》杂志。代表作有《19世纪的社会主义和社会运动》、《现代资本主义》、《奢侈与资本主义》、《战争与资本主义》等。

是个笑话——与韦伯完全相反，桑巴特认为资本主义并非起源于"禁欲"而是源自"纵欲"，即起源于消费的扩大，甚至起源于奢侈浪费。他说，正是中世纪贵族的奢侈消费，促进了市场和生产的扩大，从而导致了资本主义的产生。但是，桑巴特后来放弃了这一看法，而完全接受了马克思的观点。在《战争与资本主义》中，他详细地描述了战争投资与资本主义之间的关系，描述了现代科学技术是怎样随着"战争投资"和"军事工业"的扩张而发展的。

学术界从来就不是严肃的，关于资本主义的起源，当下流行的往往是那些最不着调的学说，它使经济学被简化为没有历史的积累与消费、供给与需求的循环。而马克思最为惊心动魄的发现——资本主义起源于战争投资带来的金融革命，则几乎没有得到真正的理解。

究竟怎样看待资产阶级的历史作用呢？马克思说，资产阶级把一切社会交往活动等同于商品交换活动，它使金钱与货币成为唯一的价值尺度，于是，一切高尚的东西都被亵渎了，一切人类活动都被异化了，人类不再能够支配物，不再能够支配货币资本，而是货币资本反过来支配人。而且，异化不仅属于劳动者，资产阶级同样是异化的产物，因为资产阶级所带来的生产力发展，如今已经成为了完全外在于资产阶级的东西，是它完全不能支配的了——这种生产力的发展只有一个目标，那就是消灭为资产阶级独占的所有制形式。

马克思以他编辑《莱茵报》时就已形成的反讽笔调，绝妙地勾勒了资产阶级的经典形象，《共产党宣言》把反讽发展到了登峰造极的地步。狄更斯曾经说："这是一个最好的时代，也是一个最坏的时代"，而马克思则说，资产阶级曾经是历史上最进步的阶级，同时也是最反动的阶级，它的进步与反动如一个硬币的两面，完全无法分离。

乍一看去，历史上似乎还没有哪一篇文献，像《共产党宣言》那样肯定过资产阶级的革命作用：

> 资产阶级在它的不到一百年的阶级统治中所创造的生产力，比过去一切世代创造的全部生产力还要多，还要大。自然力的征服，机器的采用，化学在工业和农业中的应用，轮船的行驶，铁路的通行，电报的使用，整个整个大陆的开垦，河川的通航，仿佛用法术从地下呼唤出来的大量人口——过去哪一个世纪料想到在社会劳动里蕴藏有这样的生产力呢？①

但是，面对如此庞大的生产力、如此丰富的物质涌流，人的一切活动都不可能再是孤立或者自利的了。如今，生产者不可能完全凭借自有的资金进行生产，销售者也不可能凭借自有的资金把所有的产品都买下，而消费者也不可能凭当下的收入消化如此巨大的物质涌流，于是，一切生产活动和社会交往活动都必须在一个公共的平台上进行。

这个平台首先是世界性、全球规模的。在这个平台之上，全世界的生产者和消费者是互相依赖的，他们的利益是休戚相关的，基于全球劳动者的共同利益，他们必须建立与之相适应的信任关系，而在此信任关系之上，则必须建立一个全新的公共信用机制，以代替（推翻）资本家阶级对信用和资本的垄断。因为在资本为少数人所垄断的情况下，生产的组织形式是完全被动的。

如果没有与之相适应的信任关系和公共信用体系，如果没有这样一个公共平台作为基础，生产活动非但不能扩大，而且连维持眼前这样的规模都不可能，而只能停留在那种受限的、被动的状态中。

---

① 《马克思恩格斯文集》第 2 卷，人民出版社 2009 年版，第 36 页。

如果你觉得《共产党宣言》的论述不好理解，那么，最简单的办法就是看看阿里巴巴究竟做了什么。除了建立一个公共平台之外，它其实什么也没做。马云并非一个马克思主义者，但这并不妨碍他对《共产党宣言》作出直观的理解和领会，从而作出了一个顺应历史潮流的举措。

　　正像马克思所说的那样，资产阶级之所以能比过去一切世代所创造的全部生产力还要多，这就是因为它利用了人类历史上最进步的东西：公共投资、世界市场、科学技术、千百万组织起来的工人阶级，而资产阶级最反动性的地方恰恰就在于：它妄图把这些"公共的东西"永远垄断在自己手里，而不允许任何人插足，从而造成了这些"公共产品"的异化，造成了"公德"的异化、人的"类本质"的异化。这样一来，资产阶级就像过去一切反动阶级一样，就此沦为了历史发展的绊脚石。资产阶级这个历史舞台上的主角，也就是这样沦为了历史的丑角，它从得意扬扬到笑歪了胡子，仿佛只是一瞬间的事情。

　　要理解马克思所描述的这种历史角色的转换，要理解资产阶级命运似乎是突如其来的大转折，最简单的方法就是看看今日美国。实际上，今天的美国的处境大致上就相当于当年最强大、最典型的资本主义国家英国，它也希望把一切"好东西"都垄断在自己的手里。而如果有一个国家——比如说中国，也要求在国际投资体系中增加自己的份额和发言权，也希望自己的产品更多地进入世界市场，中国也要发展先进科学技术，也要壮大自己的劳动力大军，那么，美国立刻就跳起来，干脆宣布"历史到此终结"——因为奥巴马总统曾经这样说：如果十几亿中国人也要过澳大利亚人的日子，那么，地球就将不堪重负。

　　想象一下，倘若马克思活着，他会怎样回应奥巴马呢？如果马克思活在今天，他一定会斩钉截铁地说：如今的美国，已经成为了"世界生产力"发展的最大阻力了。

当美国要求"American First"的时候，其实它恰好是在宣告"American Last"。

马克思曾经将年轻的美国和新大陆视为欧洲旧世界的竞争者和挑战者，他始终站在"新大陆"一边反对老欧洲，他领导的国际工人协会（即第一国际）总部最终落脚纽约，他甚至还成功地投资于美国的股票生意。而如果马克思活在今天，一定乐见美国这个霸主也会面对强有力的竞争者与挑战者。毕竟，一个标榜竞争的社会怎么能拒绝竞争呢？

正如《共产党宣言》所指出的那样："过去那种地方的和民族的自给自足和闭关自守状态，被各民族的各方面的互相往来和各方面的互相依赖代替了。物质的生产是如此，精神的生产也是如此。各民族的精神产品成了公共的财产。"

马克思从来没有简单地批判私有制，马克思所说的私有财产，是指劳动的产物，资本同样是社会的、劳动的产物。因此，马克思在《共产党宣言》中指出，使资本成为公共的、属于全体社会成员的财产，这就是恢复它的社会性质而解除它的阶级性质，共产主义不是要消灭一般意义上的私有财产，而是要使资本成为公共的。马克思所批判的，其实是"阻碍生产力发展的、落后的所有制形式"。他对资产阶级的批判以及对无产阶级的肯定，也都是基于这个原因。他这样说：

在私有制的统治下，这些生产力只获得了片面的发展，对大多数人来说成了破坏的力量，而许多这样的生产力在私有制下根本得不到利用。一般说来，大工业到处造成了社会各阶级间相同的关系，从而消灭了各民族的特殊性。最后，当每一民族的资产阶级还保持着它的特殊的民族利益的时候，大工业却创造了这样一个阶级，这个阶级在所有的民族中都具有同样的利益，在它那里民族独特性已经消灭，这是一个真正同整个旧世界脱离而同时又与之对立的阶级。①

现代无产阶级是一个伴随着世界市场的产生，在全球交往中形成的阶级，而资产阶级却还保持着它的地方性、狭隘性的私利。资产阶级所有制形式已经日益成为现代生产力发展的阻碍，在世界规模的生产力面前，怀抱一己私利的资本家阶级越来越力不从心了。

经济危机是怎样发生的呢？经济学的供应学派认为，经济危机是由于货币政策不当所导致的紧缩或通胀造成的，只要货币政策得当，危机便会被克服。而需求学派则认为，危机是由商品生产的过剩或短缺造成的，只要调整经济结构和产业政策，危机就不会再次发生。

但是，在马克思看来，经济危机发生的原因，恰在于资本主义经济是一种典型的、彻头彻尾的"私人计划经济"，与我们所理解的"国家计划经济"所不同的只是，它是少数资本家和资本家集团，根据自己的"私欲"而进行的计划，因此，无论供应学派还是需求学派，都无非是一种空想的、计划资本主义经济学。而这种资本家根据自己的私欲进行的计划，是注定要破产的：

> 这个曾经仿佛用法术创造了如此庞大的生产资料和交换手段的现代资产阶级社会，现在像一个魔法师一样不能再支配自己用法术呼唤出来的魔鬼了。②

---

① 《马克思恩格斯文集》第 1 卷，人民出版社 2009 年版，第 566—567 页。
② 《马克思恩格斯文集》第 2 卷，人民出版社 2009 年版，第 37 页。

《共产党宣言》文采飞扬，但也充满了格言和隐喻，因而，它并不是一部好懂的作品。历史反复证明：那些能够背诵《共产党宣言》词句的人，往往却不能领会马克思的反讽精神、不能理解《共产党宣言》中洋溢着的伟大戏剧感，这样的典型或许要首推苏联。毛泽东曾经批评斯大林没有辩证法，只有形而上学，从而缺乏马克思那种历史反讽精神。毛泽东的话是对的，苏联对于资产阶级采取的是"凡是敌人反对的我就拥护，凡是敌人拥护的我就反对"的僵化立场，从而才产生出为了反对资本主义，就拒绝资本投资、世界市场的奇怪逻辑。

苏联布尔什维克一直说马克思主义是真理，这绝对没错，但是，这并不意味着苏联对于马克思主义的理解和阐释就是真理。如果按照马克思在《德意志意识形态》中的说法，那种理解和阐释充其量只是一种"俄罗斯意识形态"。作为真理，马克思主义在世界上任何地方都是可以被讨论和研究的；但是，作为"俄罗斯意识形态"的马克思主义却是不可研究、不容讨论的。以为掌握了这种"意识形态"就等于垄断了真理，不过等于用官僚的意识形态代替了真理，用官僚的文牍代替了马克思和恩格斯的著作与学说。没人会认为马克思的著作枯燥无味，但官僚的意识形态和文牍则另当别论了。苏联布尔什维克一直认为自己掌握了真理，是站在世界历史舞台核心的主角，而从未想到历史会突然改变节目单，使他们把一幕正剧演成了悲喜剧。从这个意义上讲，正如蹩脚的演员对戏剧的精神一窍不通一样，与其说他们掌握了真理，不如说他们把真理改造为教条，从而毁灭了真理。

资本主义只不过是由少数资本家集团来计划的"计划经济"，因此，邓小平方才说：资本主义有计划。社会主义与资本主义的区别既不在"市场"，更不在"计划"。那么，社会主义经济体制与资本主义经济体制的最基本区别又是什么呢？

最简单地说，资本主义经济不是按照人类的需求来规划和管理的，而是由追求利润的个人欲望驱动的。不过请注意，"需求"（needs）这个概念与要求（wants）不同，"需求"是指满足人类生存和体面生活所必需的那些东西，如消除贫困，教育、健康、环保等。当然，随着时代的变化，人们的"需求"也会发生变化。而"要求"则不同，"要求"是指人们想要的东西，它可以是任何东西，可以远远超出人类生存与体面生活的需要，比如"我想要LV挎包"、"我想要奔驰跑车"，而马克思对消费的研究区分了这两个范畴：需求和要求，要求是被创造和制造出来的，是虚幻的，是强加给你的。

资本主义经济的动力来自于刺激人的要求和欲求，但实际上，只有极少数人的欲求能够得到满足，而大多数人在这种经济模式中都是失败者（loser）；社会主义经济的目标则是满足和保障大多数人的需求，但是，社会主义始终面对的挑战是：人民的"需求"会随着时代的发展而变化，而一旦考虑到这种需求具有多样性，那么，在计划和管理之外，就必须同时强调市场信号的作用。

因此，马克思在阐述费尔巴哈的"自然的唯物主义"时指出：自然的人就是感觉的人，人对于世界和他人的感受构成了"需求"，但是，在资本主义社会里，人类的需求被异化了，需求不再是"人作为人的需求"，而是人的需求对象化为"物"，这个物以庞大的力量反过来支配人。

从这个意义上说，整个世界都误解了苏东剧变的真正原因。西方世界一直说，苏东剧变是因为老百姓要追求民主，而这不过是一种拙劣的宣传。恰恰相反，苏东剧变，是因为那里的老百姓要追求更好的物质生活，驱动老百姓上街的是对多样性"需求"的向往，而不是对抽象的民主口号的向往。造成苏联解体的原因，并非是由于意识形态口号的短缺，而是卫生纸、香肠和电视机、电冰箱的短缺，是人民对多样性的消费品的需求。"贫乏"不是一般的指缺吃少穿，而是指衣服只有一种款式，饭馆里只有一种菜单那种枯燥单调的生活。

实际上，霍布斯在《利维坦》中早就说过，所谓"民主"不过就是希腊人造出来打击和妖魔化外邦人的宣传手段，他说："为了避免更换政府的念头，雅典人被人教导着说他们是自由的人民，所有君主国家中的人都是奴隶——人们由于读了这些希腊和拉丁著作家的书，所以就在自由的虚伪外表下养成了一种习惯，赞成暴乱，赞成肆无忌惮地控制主权者的行为，然后又在控制这些控制者，结果弄得血流成河，所以我认为可以老实地说一句：任何东西所付出的代价都不像我们西方世界学习希腊和拉丁文著述所付出代价那样大。"而今天，为这种民主自由教条付出最惨重代价的，无疑就是苏联。

简而言之，资本主义经济体制的先天缺陷，就在于这种制度只能满足少数人的"欲求"，而对广大劳动者基本"需求"则毫不在意。而苏联模式的社会主义之所以是不成功的，则是因为计划经济下，给人民提供的产品是简单粗糙的，而随着时代的发展，这种粗放式的供给，日益不能满足人民物质需求的多样性和变化，加之苏联的官僚主义意识形态拒斥市场，甚至认为敌人手里的"好东西"一定是"坏东西"，封闭和僵化最终导致了其在经济全球化时代的失败。

资本主义有计划，社会主义有市场。实际上，社会主义与资本主义并不总是处于你死我活的对立状态，苏联和美国就曾经是第二次世界大战的盟友，今天的中国与美国互为最大的经济合作伙伴。而中国的改革开放，也使利润和市场成为企业发展的导向，以此杜绝陈云当年所批评的"不是企业家办企业，而是大少爷办企业"的官僚计划经济积弊。而在长期的互相对立中，已有的社会主义与资本主义发展模式都从对方学到了自己需要的东西，从而得到了改变。

《共产党宣言》的名言是：如今各民族的历史已经汇成了"世界历史"，而在波澜壮阔的世界历史进程中，"一切凝固的东西终将化为乌有"，一切物质生产和精神生产日益变成了"公共产品"。如果说《共产党宣言》对于当今世界有什么启示，我想这就是最重要的一点。

《共产党宣言》没有采用恩格斯那种自问自答的方式，而是直截了当、斩钉截铁地回答了什么是社会主义。

《共产党宣言》的基本主张是：生产力发展的成果应该惠及全社会。共产党人并不是简单地反对市场交换，更不是主张消灭一切私有财产，而是主张大规模地发展教育、医疗、养老、艺术等公共财富，努力地使生产力的发展与所有制的形式、与交往方式的扩大相适应。共产党人认为：只有大多数人在衣、食、住、穿等方面的基本需求得到保障的前提下，在教育、医疗和就业等基本权利均等的基础上，竞争与财产的差别才是必须得到承认的。

这不禁令人想起马克思青年时代的论断：物质生产活动——吃喝住穿就是现代社会"公共事业"。实际上，如果没有公共财富、公共事业的保障，仅凭私有财产和个人竞争，一个社会无论表面上如何繁荣，最终也是不能支撑多久的。西方社会最近所陷入的严重的债务危机，正好为马克思的这一论断提供了最新的脚注，对于这一问题，我们后面的章节会进一步涉及。

第十一章

人类的进步离不开斗争，你怎能不打破鸡蛋而幻想蛋饼呢？

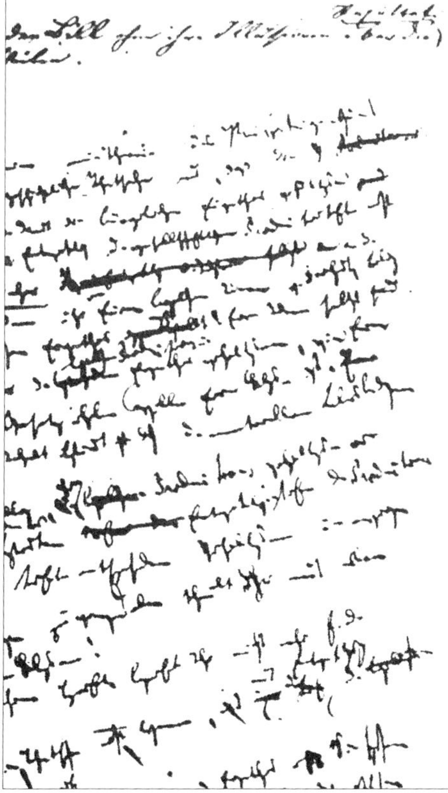

《共产党宣言》最为引发争议之处，就在于马克思对无产阶级"通过暴力革命夺取政权"这一行动的支持与呼唤。

　　资产阶级一贯批判"革命"这种行为极端不理性，而马克思的学说正是"不理性"的代表，不过讽刺性的却是，正是《共产党宣言》造成了"人类史"的大转折。

　　《共产党宣言》既解放了无产阶级，也解放了"人"，它使人从抽象的理性人，走向感性活动着的人，从孤立的个人，走向"在肉体和精神上互相创造着"的人；使关于人的知识，从神学及其变种形而上学，走向了现代社会科学。

　　在西方思想史上，"理性"乃是"批判哲学"的产物。康德哲学就是批判哲学的最高峰，而《共产党宣言》则是对这种批判哲学的"再批判"，它划时代地改变了西方思想发展的方向。

　　什么是理性呢？

　　有一种说法很有趣，但也很深刻：理性就起源于恐惧，这是霍布斯的发现，他说，自罗马帝国灭亡之后，一部欧洲历史就是彼此杀伐的历史，就是一部互相毁灭的历史。理性意识的觉醒，就起源于18世纪流行的恐惧症——"疑病症"，而康德就是最典型的代表。康德实际上是个"林妹妹"，他先天胸腔塌陷，一辈子总是担心自己随时会死掉，这种疑神疑鬼的抑郁症对他的思想和哲学产生了极大影响。为了"养生"，为了与"疑病症"作斗争，康德坚持对自己的生活进行严格管理，并严格按照作息时间表身体力行，他的一生都生活得如同钟表般有规律。整个哥尼斯堡都把康德当作法则、规律的象征，著名的典故是：康德每天中午 12 点出门散步晒太阳，分秒不差，所以，每到康德出门，大家都知道这是正午 12 点了。

马基雅维利第一个指出，人类历史不是理性的历史，而是人类的能力不断提升的历史，这种能力的提升，是通过艰苦的斗争来实现的，因此，人类的历史，就是各民族权力斗争的历史，在他之后，卢梭也倡导人类的能力应该得到自然的发展，疾病产生于对人类能力的压制。从这个意义上说，基督教和理性是疾病的起源。尼采因此认为康德哲学是病态的，而实际上，整个欧洲都病了，而今欧洲需要一种健康的精神，需要健康的哲学，可惜，尼采并没有完成这种健康的哲学，他自己却被疾病摧毁了。

历史上第一篇全面揭露西方精神病态的文献，无疑就是《共产党宣言》。马克思认为，对无产阶级的压迫，就是对人类能力——生产力发展的压迫，经济危机就是这种压迫造成的社会的定期爆发，从这个意义上说，《共产党宣言》不仅是无产阶级的解放宣言，也是人的解放宣言。

尼采对于理性起源的分析是有道理的。实际上，甚至整个西方社会科学都是从如何"免除恐惧"这个命题出发的，霍布斯[①] 的《利维坦》

---

① 托马斯·霍布斯（1588—1679），英国哲学家，机械唯物主义的代表人物，早期资产阶级天赋人权理论的代表。

就是它的奠基石。在《利维坦》中，霍布斯说：现代社会的基本特征就是平等，而所谓权利平等，就是人们追求欲望的权利是平等的，一个东西大家都想要，于是就掐成了一团，因此，正是平等——即欲望的平等——造成了人类的自相残杀。而只有"理性"才能镇压住这种平等造成的恐惧，霍布斯所说的理性就是"利维坦"——一个被他形容为大海怪的专制国家。

而黑格尔说，市民社会就是"欲望的领地"，在魔鬼一般的欲望冲击诱惑下挣扎沉浮的人们，根本就不可能幸福，市民社会的生活，就是上帝眼里那无望的"俗世"的象征。在黑格尔那里，"理性"与"欲望"的对立，就是"国家"与"市民社会"的对立，也就等于"上帝"与"俗世"的对立。

康德和黑格尔之后，最登峰造极的"理性主义者"恐怕要算马克斯·韦伯了，他认为资本主义就起源于对欲望的恐惧，因此，资本主义就起源于理性（新教伦理）。他说，资本主义肇始于新教徒近乎变态的心理：他们希望用越来越多的财富、越来越强烈的欲望诱惑，来考验自己拒绝俗世欲望的能力，以此在上帝面前证明自己是合格的选民。于是，一方面是拼命地积累财富，另一方面却是全力克服享受这些财富的欲望。简而言之，资本家疯狂积累的冲动，就来自于对自己欲望的恐惧。

众所周知，《共产党宣言》恰恰是从资产阶级世界对于"幽灵"的恐惧开头的。马克思说，这种恐惧就是对"有血有肉"、"从事实际活动"的人的恐惧，是对"大批积劳成疾的和患肺痨病的劳苦人"的恐惧，如果现实地说，那便是资产阶级对无产者也有"吃喝住穿"这种基本欲望的恐惧，是对"被压迫者也会发怒"这种人之本能的恐惧。这是对现实中活生生的人的否定，是对有血有肉的人的否定，是对从事物质生产、依赖物质生产的人的否定。而这种对于人的否定，对于人的基本生存欲望的否定，无非就是基督教的变种罢了。

马克思骄傲地说，如果资产阶级像教士那样恐惧现实中有血有肉的人，害怕"感性活动着的人"，害怕从事物质生产的人，那么，就让他们在无产阶级的感性活动、现实行动面前恐惧、发抖去吧！

《共产党宣言》最后这样大声宣告：

> 共产党人不屑于隐瞒自己的观点和意图。他们公开宣布：他们的目的只有用暴力推翻全部现存的社会制度才能达到。让统治阶级在共产主义革命面前发抖吧。无产者在这个革命中失去的只是锁链。他们获得的将是整个世界。
>
> 全世界无产者，联合起来！ ①

多么震撼人心啊！

而最令人惊叹的是：马克思选择了一句极为舒缓、极其平和的"呼唤"，来作为《共产党宣言》那暴风骤雨般的叙述的结尾。这就好像波澜壮阔的交响乐，以一个舒缓的调子收束，而它起到的效果是：把"千钧之重"，放在了"如烟之轻"之上；而它造成的效果是：使"重"显得更加沉重，使"轻"变得如生命中不能承受之轻。

这句呼唤并不是什么声嘶力竭的战斗呐喊，而是一句娓娓的劝解，如同母亲呼唤孩子回家——而这就是：

> "全世界无产者，联合起来！"

---

① 《马克思恩格斯文集》第2卷，人民出版社2009年版，第66页。

如果以为《共产党宣言》的目的仅仅是打倒现实中占统治地位的资产阶级，那就太低估这篇伟大文献的价值了。正像它既是无产阶级的解放宣言，也是全人类——即人的解放宣言一样，它不但要打倒现实中的统治者，而且也要摧毁和扫荡弥漫着欧洲的迷信、软弱、恐惧症和疑病症，套用尼采的话来说，《共产党宣言》是献给强壮、健康的新人类的礼物。

实际上，《共产党宣言》影响的不仅仅是共产党人，鼓舞的也不仅仅是无产阶级，而是无数的思想家，因而它属于全人类。事实上，打倒剥削者是工人阶级可以做到的事情，而说服那些自以为是的知识分子，从思想上确立无产阶级运动的正义性与合法性，从精神上揭露和疗救西方文明内在的痼疾，这是只有马克思才能做到的事情。

自从找到了"宣言"这种形式，欧洲精神就从自言自语中解放出来，从"自我生产"的梦呓中解放出来，从而不再把人想象为从神秘的自我生产活动中幻化出来的人，而是在现实中、在肉体和精神上互相创造着的人，从《共产党宣言》发表之日起，欧洲的精神——不，人类的精神就焕然一新了！

在《共产党宣言》之后，尼采在《论道德的谱系》中这样宣告：所谓理性，就起源于对欲望的恐惧，就起源于教士对骑士的恐惧、病人对健康人的恐惧、奴隶对主人的恐惧。而弗洛伊德在《文明及其不满》中，甚至以马克思式的调子这样说：是的，恐惧不但是西方文明最大的病症，而且正是对人类自身欲望的恐惧，正是对于有血有肉的人的恐惧，方才导致了极权主义和法西斯主义。

从这个意义上说，无论马克斯·韦伯与涂尔干，还是尼采与弗洛伊德，这些伟大的西方思想家，无非是从不同的方向和角度发展了马克思在《共产党宣言》中提出过的基本观点。

自从有了《共产党宣言》，自从有了马克思，无产阶级从此便不再是一个在知识和思想方面低人一等的阶级了。他们从此不必再为咕咕叫的饥饿的肚子感到自惭形秽了。

人，首先是吃饭的人，生产的人，有七情六欲的人，是在精神和肉体上互相创造着的人。如果说，"现代性在拉伯雷的笑声中诞生，带着穷人咕咕叫的肚子里的唯物主义"，那么，《共产党宣言》正是以其字里行间充满的悲天悯人的情怀触动了我们心灵中最柔软的部分。马克思把这种伟大的情怀慷慨赠予了全世界无产阶级，从而使"全世界受苦的人"能够以上帝救苦救难的形象重返人间。圣保罗说，上帝化装成一个乞丐来到我们身边，而马克思说，无产阶级向这个冷酷的世界伸出长满老茧的粗手，为的不过是讨回他原本给予这个世界的东西。

人不是神，人也不是什么理性的、精神的造物，人就是吃喝住穿的人。而根本不懂得人首先需要吃喝住穿的那些大人先生们，那些对于人类苦难没有同情心的高高在上的人，是不能成为立法者的。

什么是立法者呢？卢梭在《社会契约论》里讲，立法者应该是"神明"：

> 为了发现能适合于各个民族的最好的社会规则，就需要有一种能够洞察人类的全部感情而又不受任何感情所支配的最高的智慧；它与我们人性没有任何关系，但又能认识人性的深处；它自身的幸福虽与我们无关，然而它又很愿意关怀我们的幸福；最后，在时世的推移里，它照顾到长远的光荣，能在这个世纪里工作，而能在下个世纪里享受。要为人类制定法律，简直是需要神明。①

---

① ［法］卢梭：《社会契约论》，何兆武译，商务印书馆 2003 年版，第 49—50 页。

而马克思却说：不，现实中的立法者不应该是神，因为我们的任务不是使尘世上升为天国，而是使天国下降为尘世；不是为了把人幻化为神，而是要为全世界受苦的人争取做人的权利。而这种"天然的立法者"就存在于现实之中，这就是无产阶级。

无产阶级难道不是最懂得政治却不能参与政治的人们吗？他们难道不是最懂得幸福却与幸福无关的人们吗？他们难道不是创造了财富，自己却一无所有的人们吗？他们难道不是明白欲望是什么却被压制了所有欲望的人们吗？他们难道不是在今天工作，而在下个世纪才能收获的人们吗？

《共产党宣言》是人类解放的宣言，因此，它不仅属于共产党员、无产阶级，它还属于全人类。

第十二章

为什么马克思预言革命将在中国取得成功？

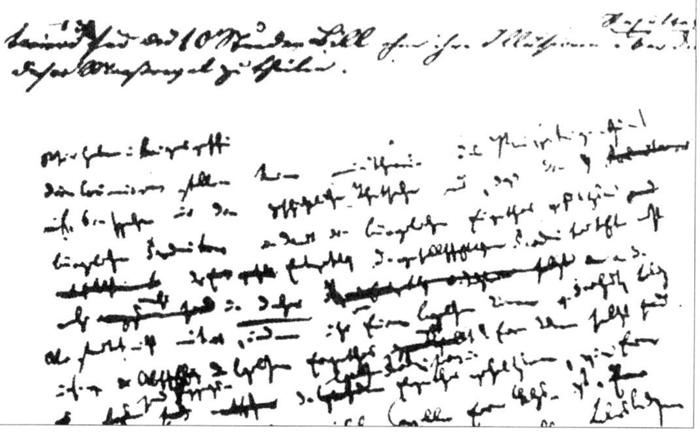

'

恩格斯感慨道:"《共产党宣言》的发表,可以说正好碰上 1848 年 3 月 18 日这个日子,碰上米兰和柏林发生革命,这是两个民族的武装起义,其中一个处于欧洲大陆中心,另一个处于地中海各国中心。"

1848 年革命由南向北扩展,北欧两个公国的德裔居民此时发动起义,要求脱离丹麦的统治,他们的要求获得了普鲁士自由派政府的支持。但是,在俄国沙皇的强大压力下,康普豪森担任总理的自由派政府垮台了,保守派在普鲁士重新执政,随即就宣布抛弃了北方的起义者,科隆的民主派对此大声抗议,而普鲁士士兵非但不去对抗沙皇的威胁,反而去镇压莱茵的民众。

马克思正是在这个时候回到了科隆。马克思、恩格斯以及其他莱茵才俊在科隆组织成立了公共安全委员会(这个名字与法国大革命时代的最高权力机构一模一样),并在那里创办了《新莱茵报》。

马克思始终是以办报纸的方式参与革命的,他不但募集资金,而且还把刚刚获得的家族遗产 6000 法郎(合 1250 普鲁士泰勒)的大部分投入到报纸经营之中。合同规定,作为报纸主编,马克思的年薪为 1500 泰勒——这是他一生获得的薪水最高的职位。当斗争最激烈的时候,报纸的所有编辑和排字工人都配了枪，马克思自己怀里也揣着手枪。而恩格斯则是组织了起义军，希望以武力推翻普鲁士的统治。

科隆的起义被镇压之后，恩格斯遭到了通缉，不得不逃离普鲁士。在那些东躲西藏的日子里，恩格斯的资本家父母断绝了与儿子的财务往来，并告诉恩格斯说：他的兄弟马克思以及那些"不信神"的共产党朋友们早就抛弃了他。实际上，《新莱茵报》的投资者和马克思身边的左翼朋友确实都想让马克思与主张"枪杆子里面出政权"的恩格斯脱离关系，但是，马克思毫不为之所动，他特意写信向恩格斯说："抛弃你，哪怕只有一分钟那也是妄想。"

此时，继承了大笔遗产并拿着高薪的马克思仗义疏财，定期给逃亡在外的恩格斯汇款，嘘寒问暖，无微不至。正是由于马克思的资助，使得恩格斯在逃亡中依然过着绅士的生活，这说明此后恩格斯对马克思的慷慨资助并非是一边倒的，实际上，当恩格斯无家可归的时候，是马克思率先资助了自己的战友。

毫无疑问的是，相对于恩格斯这种赤诚的战士乃至军事指挥官来说，马克思显然更有资格被称为"导师"。什么叫作革命导师呢？"导师"的一项重要工作，就是对组成社会的各个不同成分进行科学、全面的分析，而这种分析必须严格地从社会现实出发，而不是从抽象的"阶级"概念出发。1848 年，28 岁的恩格斯作为战士参加了革命，而 30 岁的马克思则作为"导师"总结分析了革命成败的原因。

1848 年革命深化了马克思对社会发展规律、"阶级斗争"以及"无产阶级历史使命"的认识。

社会究竟是怎样发展的呢？马克思认为，人类社会的历史，是人的能力随着劳动的发展而发展的历史，是人们为了分配和占有劳动成果而进行斗争的历史，根据洛克和斯密的观点，现代社会逐步形成两个对立的集团，一个是劳动集团，一个是资本和地租集团，而社会变迁最终表现为两大对立阶级之间的矛盾对抗。另一种观点是卢梭在《社会契约论》中提出的，卢梭认为，社会是建立在各利益集团利益的"最大公约数"的基础上的共同体，这样的共同体体现了社会的"总意志"（general will）。那么，这样的共同体是怎样形成的呢？卢梭认为，它是通过缔结"社会契约"而形成的。而究竟怎样缔结社会契约呢？在这个方面，卢梭有些语焉不详，他没有谈到斗争，而是倾向于自由和自愿的讨论，因此，在卢梭那里，这样的社会共同体存在的前提，就是不会损害任何社会集团的自由和利益，如果谁感到自己的利益被损害，它就会选择自愿退出。

按照这样的说法，社会契约的缔结就是一个漫长的谈判过程，为了满足所有人的自由和利益，谈判和缔约的过程可能永无止境。

虽然人们容易把卢梭的观点视为完全的空想，但是《社会契约论》却提出了一系列极为重要的范畴，完成了对后来产生了意义深远影响的一系列制度模式，这就是包括：人民主权、人民代表大会，两府一院等等。更为重要的是，《社会契约论》深刻地影响了法国大革命，因此，它被称为资产阶级革命的圣经。

1848年革命的形势使马克思认识到：欧洲社会强烈的封建性造成了大量的社会等级，正是这些等级阻碍着"阶级"的形成和阶级斗争的发展。实际上，欧洲存在着激烈的民族矛盾，而劳动者之间，则因为民族和地域区隔，更是彼此矛盾重重。《共产党宣言》所预言的——欧洲将分裂为两个势不两立的阶级——那只不过是一种趋势、一种可能性罢了。正像毛泽东后来常说的那样，社会的发展始终存在"两种前途、两种可能性"，而1848年革命最终的前景正是如此，这种前景可能并不是一个阶级战胜另一个阶级，而是所有的"等级"之间互相内耗，而待到所有等级都感到疲于奔命后，结果便是旧秩序的恢复。

欧洲1848年革命，实际上是由法国的二月革命揭开历史序幕的，1848年2月24日，巴黎劳动者联合社会各阶级，推翻了路易·菲利普的君主统治，重新恢复了法兰西共和国，而接下来，法国资产阶级却希望把革命引到卢梭的道路上，那就是召开制宪会议，建立一个保护家庭、财产、宗教与秩序的共同体，巴黎的劳动者决定反抗，再次于1849年6月发动起义，起义被资产阶级残酷镇压下去，从此，无产阶级退出了历史舞台，历史不再沿着阶级斗争的道路发展，而走向了卢梭所幻想的通过"缔约"而"制宪"的漫长过程。

马克思指出，这个漫长的缔约和制宪过程，是一个法国的社会各阶级通过把劳动者阶级排除在外，寻求社会共识的过程。但是，如果这样的共同体的基础不是劳动和共同劳动，它的基础究竟是什么呢？难道就是空洞的讨论与辩论吗？一个建立在所谓的自由讨论基础上的共同体可能吗？这恰是卢梭哲学的虚幻之处，这种漫长的"缔约"过程实际上就是一场内讧，它使法国各阶级在资产阶级民主的虚伪口号下，陷入了永无止境的你争我夺，使法国社会陷入了无政府状态，最后造成一个骗子——路易·波拿巴上台当了皇帝。

卢梭说，共同体必须建立在最大社会公约数的基础上，但是，他没有告诉我们，这个最基本的社会共识、这一共同体的基础究竟是什么。马克思问：如果这不是劳动和公正地占有和支配劳动成果，那么，它究竟是什么呢？劳动和公平地支配劳动成果，这就是法国无产阶级的要求，一旦无产阶级被镇压，那么，法国的社会共识就只能建立在宗教的基础上，而法国和拿破仑早已打破了宗教的权威，于是，法国人的社会共识，就只能建立在一个符号——拿破仑这个伟大的皇帝的形象身上，可惜，拿破仑已经死了，于是，在永无止境的内讧和"讨论"中疲于奔命的法国人，就只能把社会共识凝聚在路易·波拿巴这个骗子和流氓无产者身上，法国人心甘情愿把这个小丑拥戴为皇帝，只有一个原因，就是因为他是拿破仑的侄子。

1852 年，33 岁的马克思在《路易·波拿巴的雾月十八日》中，把上述观察与思考上升到理论的高度。通过总结 1848 年法国革命的教训，以及 1851 年 12 月 2 日路易·波拿巴政变，马克思把社会革命失败的原因总结为"流氓无产阶级战胜了社会各阶级"，或者说，阶级斗争为"等级之间的内耗"所替代。

马克思从而展示出一种新的视野，他指出：社会共同体的基础如果不是劳动和分配劳动成果，那么统治社会的，就只能是一个抽象的符号，这种符号可能是宗教的——这样，社会就将退回到中世纪，这种符号可能是政治性的，比如拿破仑——这样，社会就不是由拿破仑统治，而是由拿破仑的象征来统治，最为关键的是：这种符号可以是经济性的，比如股票和证券——这样，社会就会被空头支票所统治，而法国就是这样，被拿破仑的象征和股票贩子所统治。

这种创见后来被称为"符号学理论"，并在马克思去世后很久方才风靡全球思想界。

法国社会人类学大师列维·施特劳斯① 声称，他自己每次写作之前，都要把《路易·波拿巴的雾月十八日》翻出来朗读一遍，因为他就是按照马克思所发明的"符号学"的方法去研究部落社会，正如马克思所讽刺的那样，在镇压了无产阶级之后，法国社会一夜之间就退回到了

---

① 克洛德·列维·施特劳斯（1908—2009），法国著名的社会人类学家、哲学家，法兰西科学院院士，结构主义人类学创始人，法国结构主义人文学术思潮的主要创始人。他所建构的结构主义与神话学不但深深影响人类学，对社会学、哲学、语言学等学科也有深远的作用。

部落制度。

毛泽东晚年为什么要推荐全党认真学习马克思的《路易·波拿巴的雾月十八日》？这是因为他从苏联官僚集团的统治中认识到，社会主义的共同体，必须建立在生产斗争、阶级斗争和科学实验之上，如果离开了这种斗争，党、人民都会沦为符号，靠例行公事的程序和讨论，是无法建立和维持一个劳动者的共同体的。由于《共产党宣言》，马克思一举成为了欧洲各国统治者一致认定的危险分子、煽动分子，现在，整个欧洲大陆上都没有他的立足之地了。彼时，"东欧"与"西欧"，皇帝、国王和资产阶级全都联合起来反对无产阶级的社会主义，形势急转直下，1849年8月27日，马克思不得不仓促乘船跨越英吉利海峡来到伦敦，从那时起直到1883年去世，马克思一生中有34年是在伦敦度过的。

那时，马克思才31岁，正值壮年，当人生步入黄金时代的时候，他的学术事业却被彻底封杀了。在当时的整个欧洲大陆，马克思连发表文章的地方都没有了——这是多么大的打击啊！实际上，《路易·波拿巴的雾月十八日》这篇划时代的社会科学经典文献，其命运也极其悲惨，因为它只能在美国印刷，而印刷完成后即被封存，连一本也没有被运进欧洲。

因为不断搬家，马克思的经济状况也出现了严重的问题，这真是雪上加霜，而马克思真正陷入生活的困窘，其实是从这个时期开始的。

自1852年起，即从《路易·波拿巴的雾月十八日》完稿的那一年起，马克思只能靠给《纽约先驱论坛报》写专栏文章赚一点微薄的稿费养家糊口。这些文章涉及亚洲问题的一共有17篇，其中15篇是关于中国的。

那个时候，马克思认为欧洲的革命恐怕一时是没有希望了，何况他以欧洲为研究对象的文章，几乎都不能发表，他转而希望世界其他地方发生革命，于是，他把目光投向了东方、投向了亚洲、投向了中国。马克思和中国真的很有缘分，《中国革命与欧洲革命》、《中国和英国的条约》、《鸦片贸易史》等，这些都是他在生活最困难的时候写的文章，马克思为中国写的文章，真是比任何国家都要多。

而这并非是没有原因的。实际上，马克思从不认为中国是像欧洲那样充满封建性的地方，为了与欧洲式的"封建主义"相区别，马克思还特地发明了"亚细亚所有制形式"这个范畴来表述中国。正是中国，使马克思找到了一个重要的证据：中国证明了，共同体是在共同劳动中产生的，而不是通过空虚缥缈的"缔约"形成的。

其实，卢梭在《社会契约论》中也谈到了这个问题，他说：

> 也可能出现这种情形：人们在未占有任何土地之前就开始结合，然后去占有一块足以供大家之用的土地，大家共同享有，或者同等地平分，或者按照主权者的规定的比例来分。这种占有，不论是用什么方式取得的，每个个人对他的土地的权利都应从属于共同体对大家的土地的权利。没有这一条，社会联系就不可能巩固，主权的运用就没有真正的力量。①

而中国恰恰就是如此，人们在占有土地之前开始结合，就是为了治水，通过治水形成了大的共同体，在治水之后，方才形成了共同体对于土地的支配。

在《政治经济学批判（1857—1858 年手稿）》中，马克思首次提出了"亚细亚所有制形式"这一重要命题。他指出：中国的自然条件与欧

---

① ［法］卢梭：《社会契约论》，何兆武译，商务印书馆 2013 年，第 28 页。

洲是相当不同的，中国不像欧洲那样气候湿润，所以土地的经营便离不开大规模的灌溉设施，而大规模灌溉设施的建设和定期维护，只能是"共同体"的事业（这便是中国历代王朝定期"修河工"的原因），这些灌溉设施因此也只能属于"共同体"。由于土地经营必须依赖于公共灌溉设施，所以，欧洲那种绝对的土地私有制形式，在中国从根本上就是没有基础的。因此，所谓"亚细亚所有制形式"，就是一种"天然的共同体"形式，它"并不是共同占有（暂时的）和利用土地的结果，而是其前提"。

马克思深刻地分析了中国发展方式（亚细亚生产方式）与西方发展（日耳曼生产方式）方式的不同。马克思指出，由于中国文明诞生于干旱少雨的华北地区，所以，这就使得公共水利工程成为土地耕作的前提，于是，在中国，正是修建大型水利工程的共同劳动使得大的共同体（国家）得以形成，然后，在那些水利问题得以解决的地方方才派生出村落和家庭的土地耕作，因此，正是这种自然条件使中国成为一个"天然的共同体"，而这种共同体"并不是共同占有（暂时的）和利用土地的结果，而是其前提"。

但是，在西方，在日耳曼生产方式中，在广阔湿润的平原上，共同体则是私人利用土地的结果，在那里，最初产生的就是以土地私有为基础的家庭这种小的共同体单位，然后，方才逐步扩大为暂时性的、大的共同体。

因此，中国的发展方式决定了：共同体乃是个人发展的前提和基础，个人发展必须以共同体的维护和发展为前提，个人发展必须以融入共同体为前提。但是，在日耳曼发展方式中，却是私人利益的发展为共同体的形成制造了前提，在那里，共同体总是"暂时性的"，而为了私人利益的发展，可以破坏乃至摧毁共同体——也正是从这样一种发展方式中，才产生了"市民社会"的或资本主义的发展方式。

为什么中国能够维持"大一统"体制，而不是像欧洲那样长期陷入战乱和分裂呢？马克思说，这是因为：

> 在这种情况下，那些通过劳动而实际占有的共同的条件，如在亚细亚各民族中起过非常重要作用的灌溉渠道，还有交通工具等等，就表现为更高的统一体……①

什么是中国文明乃至亚洲文明的基本特征呢？马克思概括指出：中国文明是一个"天然的共同体"。中国人为什么特别勤劳呢？亚洲为什么会发生"勤劳革命"呢？是因为在那里，土地是"通过劳动实际占有的共同条件"。为什么中国会长期统一呢？则是因为在那里，灌溉渠道、交通工具是"公共劳动的结果"——而这里最典型的就是大运河。

那么，什么是西方的"自由贸易"呢？马克思说，这就是"为了维护贱买贵卖的特权"。而什么是中国革命的实质呢？中国革命的实质就是"为了维护古老的共同体"，从而不得不创造一个新的人类共同体。

而这就是"周虽旧邦，其命维新"的意思吧！

由此看来，第一个把马克思主义普遍真理与中国革命的具体实践紧密地结合起来的人，究竟是谁呢？实际上，他不是别人，正是马克思自己。中国的马克思主义者，正是在这条马克思自己亲手开辟的道路上前进的。

马克思分析说，由于整个世界已经被组织成了市场，所以，欧洲资本主义的发展离不开亚洲的市场，特别是中国的市场。英国发动鸦片战

---

① 《马克思恩格斯文集》第 8 卷，人民出版社 2009 年版，第 125 页。

争的目的，本来是为了打开中国市场，就是"为了维护贱买贵卖的特权"，但英国资产阶级完全没有料到的是，这场战争导致中国爆发了革命。而这场革命的实质是：为了维护古老的共同体，便不得不创造一个新的人类共同体。

因此，中国革命必将引发亚洲乃至世界革命，这场革命将摧毁欧洲资本主义的海外市场，而一旦丧失了海外市场，欧洲的资本主义必然会陷入全面的危机。

马克思预言说，支配未来世界的是黑格尔所提出的"两极相连"规律，如果一极是西方，那么另一极就是中国。西方世界的未来命运，在很大程度上要取决于中国的命运，"而不是决定于现存其他任何政治原因，甚至不是决定于俄国的威胁及其带来的可能发生全欧战争的后果"。在当时的读者看来，马克思的预言可能是天方夜谭，而在今天的读者看来，这完全就是眼前的事实。

在这一系列文章中，有一篇《俄国的对华贸易》极具天才视野。在这篇文章中，马克思指出：俄国的命运，也取决于它是否能够维持与中国的联系。马克思深刻地分析了"欧亚大陆贸易"与西方海洋贸易、海洋霸权之间的关系。他指出：

> 中国人自古以来就对从海上来到他们国家的一切外国人抱有反感，而且并非毫无根据地把他们同那些看来总是出没于中国沿海的海盗式冒险家相提并论。然而俄国人却自己独享内地陆路贸易，这成了他们被排除于海上贸易之外的一种补偿。①

---

① 《马克思恩格斯文集》第 2 卷，人民出版社 2009 年版，第 615 页。

通过分析中俄边境的恰克图贸易，马克思指出：西方资本主义是依靠"海洋霸权"和"海洋贸易"崛起的，它表现为"海洋"对于"大陆"的征服（用后来流行的一种说法，就是"蓝色文明战胜黄色文明"），而海洋贸易的兴起，恰恰意味着大陆贸易的中断。但是，只要中国和俄国采用现代技术、贸易和制度手段联合起来，并以此把欧亚大陆重新组织为一体，那么，欧亚大陆文明就足以与西方的"海洋文明"抗衡，并最终把海洋贸易和大陆贸易结合在一起。

实际上，这就是当代中国"一带一路"的战略构想，它体现了中国正在切实肩负起重建亚洲共同体、人类命运共同体的历史使命，而这也正是马克思当年对于中国革命的期望。今天看来，当年的马克思所拥有的，是怎样的一种革命性、开放性的战略视野啊！

如今，马克思的思路发生了一个巨变，他原本认为：欧洲资本主义的危机会导致无产阶级革命，现在，他反过来认为亚洲的革命会导致欧洲的资本主义危机。过去，他把希望寄托于欧洲的劳动者阶级，如今，他把希望寄托于中国和亚洲的革命。他预言，从今往后，不是欧洲的无产阶级革命，而是亚洲的革命将扮演世界历史的火车头了。

这是天方夜谭吗？当然不是。

1949 年，中华人民共和国开国大典的礼炮证明了，马克思的预言是多么的正确。

第十三章

为什么说《资本论》颠覆了经济学？

1859 年，也就是达尔文的《物种起源》出版的那一年，41 岁的马克思终于写成了《政治经济学批判》第一卷第一分册。马克思满怀信心地预言说：这本伟大著作将会在文明世界得到广泛的翻译与崇敬。

　　但是，事实却似乎相反，德国社会主义者李卜克内西[①] 甚至说：他从未读过如此令人失望的书。连燕妮也不得不说："我长期以来暗中对卡尔的书所抱的希望完全落空了。"

　　在最后关头，马克思本人甚至也感到，继续写下去，并把自己期望的巨著最终写出来——这几乎是不可能的了，他的思想也许不得不永远留存在脑海里，而根本没有条件作为著作面世了。更何况，在当时，他遇到的第一个极大的障碍就是没有钱。马克思的经济状况从来没有像现在这样陷入四面楚歌。

　　这个时候，他不得不想起了他的姨父，马克思向飞利浦公司的老板求助。1861 年，他的姨父给了他仅仅 160 英镑，"菲利普先生"只是说，

---

① 　威廉·李卜克内西 (1826—1900)，德国社会民主党领袖，著名的工人运动活动家。

希望马克思先把往年积累的债务利息还一下。

1863 年，马克思得到了母亲的遗产大约 1000 英镑，马克思曾经为遗产继承问题与母亲闹得很不愉快，但正是这位极端在乎金钱的犹太母亲，在关键时刻为《资本论》的横空出世架起了桥梁（要知道，当时英国一个普通劳动者的年收入才不过 40 英镑）!

更重要的是，马克思有一个好兄弟叫威廉·沃尔夫，他一直是马克思在正义者同盟中的好伙伴，是马克思的大粉丝。沃尔夫临去世前，指定马克思作为自己的遗产继承人。马克思原本认为沃尔夫一贫如洗，这位穷兄弟怎么会有遗产呢? 而当看到沃尔夫遗嘱的时候，却发现他有辛苦积蓄的 838 英镑的遗产，沃尔夫把这笔遗产交给了马克思。马克思拿着这 838 英镑去炒股，又赚了 400（多）英镑。最令人难以置信的是，马克思购买的竟然是摩根家族当时在伦敦经营的美国债券——他真是独具慧眼啊!

因此，《资本论》第一卷的扉页上这样郑重地写着: 献给无产阶级的忠实战士威廉·沃尔夫。

马克思如饥似渴地埋头工作，到 1867 年的时候，马克思预想中著作的第一卷，即论述"资本的生产过程"那一部分，终于写出来了。

这一年马克思正好 49 岁。

1844 年，当与恩格斯进行"历史性会晤"时，马克思就已经雄心勃勃地提到了这本书的写作计划，而今，23 年的时光倏忽而去，《资本论》第一卷方才横空出世。

实际上，当第一卷写完之后，马克思才突然产生了一个灵感，他说: 一部伟大的作品必须有一个尽可能短的名字，这部新的著作就叫《资本论》吧! 而"政治经济学批判"只应该作为副标题出现。

这是一个极其天才的改动。

谁也没料到马克思花钱这么快——当凌晨写完《资本论》第一卷的最后一笔，他突然发现自己连给出版商寄稿子的邮费都没有了。于是，天亮的时候，他告诉恩格斯:《资本论》必须由他亲自从英国送到汉堡的出版商手里。恩格斯给马克思买了船票。马克思就这样亲自带着《资本论》第一卷手稿上路了。他拎着装手稿的箱子，在船上一直站着，满怀豪情地跨越了英吉利海峡。

汉堡的出版商没有来接马克思，但马克思一上岸，却接到了普鲁士首相俾斯麦[①] 的信，信中说: 欢迎马克思回到家乡，真诚希望能够用你在金融方面的大才为德意志复兴大业服务。但是，穷困潦倒的马克思看了一眼这封信，就很潇洒地把它扔了。

不过，马克思与俾斯麦还真是很有缘分。当马克思从德国汉堡回英国的时候，在船上遇到一位女士。这位美女穿着一身军装，带着很多行李，大功告成后一身轻松的马克思不禁提醒她说: 只有普鲁士贵族出门才带那么多行李，你大概不知道，在英国搬运费很贵哟! 而这位女士却反唇相讥: 搬运费既然很贵，这位绅士啊，那你怎么不帮帮我呢?

马克思咎由自取，只好说，那我就帮帮你吧，你在哪儿下呢? 女士说了她要前往的目的地后，马克思松了口气: 原来这个地方跟我去的地方正好截然相反呢，我要是帮了你，自己就要误火车了。但是，那位女士又说，我确实搬不了，你看怎么办吧!

马克思只能自认倒霉，原本两手空空的马克思下船后却像搬运工一样，拎着这些箱子，把那个美女送到了伦敦火车站。

可到了火车站才发现，这位女士的火车晚点了 8 个小时，马克思只

---

① 奥托·爱德华·利奥波德·冯·俾斯麦 (1815—1898)，劳恩堡公爵，普鲁士王国首相 (1862—1890 在位)，德意志帝国首任宰相，人称"铁血宰相"("铁"指武器，"血"指战争)、"德国的建筑师"及"德国的领航员"。

好又领着她逛公园吃冰激凌，最后挥手告别时才发现，这位女士不是别人，正是俾斯麦的外甥女伊丽莎白·冯·普特卡默！

后来，当马克思——这个被欧洲大陆上的统治者们四处驱逐的"危险分子"回顾这段"奇遇"时，他却像一个真正的骑士那样幽默地说："她是一个快乐的和有教养的女孩子。当她知道，她落入赤色分子手中之后，不胜惊讶。但是，我安慰她说，我们的会见不会发生'流血事件'，并平安无事地送她上了火车。"

马克思固然是一位彬彬有礼的绅士，但他却绝不是那种迎合读者的作家，恰恰相反，《资本论》第一卷序言偏偏选用了一句冒犯读者的话来结尾：

> 任何的科学批评的意见我都是欢迎的。而对于我从来就不让步的所谓舆论的偏见，我仍然遵守伟大的佛罗伦萨人的格言：
> 走你的路，让人们去说罢！ ①

《资本论》第一卷虽然没有全面论述资本，但马克思在《资本论》第一卷开头就得出了惊世骇俗的发现，这个发现就是：计算起源于交换活动，数学的基础是经济学。

即使今天的经济学家们还是这样认为：经济学之所以是科学，就是因为经济学是建立在数学的基础上的。但是，《资本论》开头却说，恰恰相反，数学是建立在经济学的基础上的，正是在买卖、借贷活动中，计算和数学才发展起来，更确切地说，一切关于"等价"的观念，都是从人类的"交换过程"中产生出来的。

---

① 《马克思恩格斯文集》第 5 卷，人民出版社 2009 年版，第 13 页。

这是非常非常了不起的观点，它的革命性怎么形容也不过分。

什么叫等同？什么叫等价？等号意味着什么？马克思说，世界上没有真正"等同"的东西。把两个不同的东西等同起来，这其实正是因为市场交换活动的需要，但是，也正是在这种"等同"中，蕴含着认识论的陷阱。

这个陷阱最要不得的地方，就是把人类的"交往"活动等同于市场"交换"。但是，人们的交往活动是多样的，它绝不等于市场上的"等价交换"。比如，人与人之间互相馈赠，这种非常古老的交往活动就不是等价交换；再比如说，人民把劳动产品交给共同体，共同体对人民进行财富再分配，这种到处都存在的交往关系，也不是市场上的交换。父母与子女之间的关系，男女朋友之间的关系，兄弟姐妹之间的关系，都不是商品交换关系。市场交换，不过是人类交往活动的一种，只有在市民社会——即资产阶级社会里，情况方才是这样的："各个人互不依赖，仅仅通过交换集合在一起。"而古典经济学却把"交换"假定为唯一的交往方式，这表明：这种经济学本身就是市民社会的产物，是资产阶级的意识形态。

是啊，马克思怎么可以等于恩格斯呢？一个杯子怎么可以等于十块麻布呢？数学不过是思考和表述世界的一种特定方式，从这个意义上说，科学和数学也是一种"意识形态"。马克思说，数学中"相等"的概念，一定是从市场交换活动中产生出来的，人类为了交易和交换而产生了数学，古典经济学却用数学反过来论证自己的合法性。把经济活动简单地理解为市场交换，这是古典经济学的第一个缺陷。

马克思说过，人只能用思想交换思想，用爱来交换爱，而用数字来衡量一切、衡量大小，却排斥了只有"质"才能决定价值的想法，这就是"交往"与"交换"的不同，而这会导致一个致命的结果：使金钱成为社会评价的唯一尺度，而它必然造成的就是金钱对于社会的统治——而这正是亚里士多德在《政治学》中率先提出的看法，他说：人可以生产人是自然的，但钱能生钱却是极不自然的。马克思在《资本论》中重申了亚里士多德的观点。

当然，这也是托马斯·莫尔在《乌托邦》中所指出的，一旦金钱成为价值尺度，那么世界将为之颠倒。

资产阶级社会的统治与其说是"金钱"的统治，还不如说是"数目字意识形态"的统治，而这种"数目字意识形态"的统治，最终在美国达到了高峰。托克维尔①和桑巴特都注意到，美国人在评价事物的时候，不是从功能和愉悦出发，而是从"花费昂贵"的角度出发，因此，当他们赞美伦勃朗的画有价值的时候，就是说这幅画"值多少钱"。布赖斯说，美国有一种"将数量的'巨大'误认为'伟大'的倾向"，其实，布赖斯这就是借对美国的讽刺，说出了《资本论》的一个重要主题。

资产阶级把"平等"理解为"等价交换"，它的实质是指：人作为劳动力，在市场上是可以平等买卖的。但是，如果商品在市场上真是平等交换的，那么，剩余和利润就不可能存在。要使剩余和利润产生，还要使等价交换的"市场经济"得以成立，那么，某种决定性的商品的价值就必须被低估。马克思说，这种被强制低估的商品，就是劳动力。马克思还说，只有把劳动力当作商品，而且能够人为压低这种商品的价格的时候，资本主义的"市场经济"才能勉强成立。不过，在人口不多的欧洲，要长期维持这样的"劳动力商品市场"却几乎是不可能的，因此，总体来看，除了运用暴力和强制之外，资本主义的"市场经济"只能在

---

① 阿历克西·德·托克维尔（1805—1859），法国历史学家、政治家，政治社会学的奠基人。出身贵族世家，经历过五个"朝代"。代表作有《论美国的民主》、《旧制度与大革命》。

劳动力很廉价的海外才能维持。

《资本论》开篇分析了商品的"使用价值"与"交换价值"之间的矛盾，货币作为"价值尺度"与"流通手段"之间的矛盾，在此基础上，《资本论》一举揭示了市场经济与资本主义之间的矛盾。马克思说，古典经济学通过抽象的市场关系掩盖了真实的资本主义关系，我们并没有生活在一个由"看不见的手"支配的市场社会里，而是生活在由资本计划、支配的社会里，而这种计划的基本手段就是貌似精密的计算。

由于丧失了马克思恢宏的批判视野，人们便无法像马克思那样从根本上质疑古典经济学的基础。《资本论》提出的这个问题，后来只是被尼采发展了。尼采说，人（man）这个词，就是从计算（manus）这个词中发展出来的，它假定人就是"会计算的动物"、"会估价"的动物，人就是"会讨价还价的人"——马克思说得一点也没错，文艺复兴从来没有发现"人"，因为它发现的不过是"债权人"和"债务人"，发现的只是能够精确地计算出"你究竟欠我多少"的人而已。

数学起源于人类的交换活动和放贷的行为——这就是马克思在《资本论》开头"商品和货币"一章中所论述的主题，无论对当时的政治经济学，还是对今天的经济学而言，这都是一次根本的革命。

《资本论》第一卷并不长，而它的伟大发现却还远不止这些，上述发现只不过是一个令人震惊的开头，而接下来一个更加了不起的发现是：在《资本论》第一卷中，马克思通过批判萨伊定律，彻底颠覆了古典经济学的市场理论。

法国经济学家 J.B.萨伊[①] 认为，在资本主义社会里不会出现生产

① 让·巴蒂斯特·萨伊（1767—1832），法国资产阶级庸俗政治经济学的创始人。代表作有《政治经济学概论》、《实用政治经济学全教程》、《政治经济学入门》等。萨伊最出名的是被马克思评价为"资产阶级庸俗经济学家"。

过剩的总危机，因为每一次的卖出都是一次购买，而每一次购买都是一次卖出，这就是市场经济的总定理：C-M-C 所表达的东西。

但是，在马克思看来，这种均衡是绝不可能实现的，因为市场上的每一次风吹草动，都会造成大量的持币观望者，从而造成流通性的短缺，造成 M 不能再次转化为 C。因此，市场的运行不能依靠卖方自动转化为买方，而是从根本上依赖于货币的提供者和制造者。于是，马克思在《资本论》中，便把市场经济的总定理 C-M-C 转化为一个新的定理：M-C-M。在这里，是货币的提供者和掌握者，而不是商品交换者占据了舞台的中心，这样一来，古典经济学的"市场经济理论"就被关于"资本"和"资本主义"的理论代替了。

商品生产与交换只是一个基层领域，而货币生产与交换，这才是一个支配性的领域，市场没有能力支配世界，而资本却支配着市场——《资本论》划时代的意义就在这里，它划出了市场经济与资本经济之间的根本区别，并把市场经济学改造为资本经济学。

因此，《资本论》告诉我们的是：进行正确的经济分析的出发点，是必须把思考的焦点指向货币的提供者和掌握者，而不是指向市场交换者。而且马克思进一步论述说，如果货币的提供者和掌握者是少数资本家，那么，我们所面对的就是资本主义制度，在那里，一切生产与交换活动归根到底都是为金融资本、为少数资本垄断者服务的；而如果货币的提供者和掌握者是社会劳动，那么，货币政策就变成了最为重要的公共政策，研究和思考货币政策如何为生产、交换和民生服务，就成为一种崭新的政治经济学的基础。而只有到了这一步，只有把作为"公共政策"的货币政策应该如何建立这个问题作为思考的基础，我们才算真正触及到如何建立一个完善的市场体系，如何建立一种社会主义制度的问题。

正是《资本论》启发我们认识到：社会主义与资本主义的区别并不在于市场经济。社会主义经济的实质在于以下两点：第一，优良的货币政策的基础是健康的财政政策，只有建立持续有效的财政政策，才能使发展成果惠及全体人民；第二，健康可持续的财政政策，依托于公共资产和国有企业的运行，而不单纯依赖于税收，更不能把货币和资本供给交给一个垄断资本家集团。关于这个问题，我们在最后的章节会比较全面地谈及。

《资本论》第一卷关于资本原始积累的部分，全面分析了西方"大国崛起"的过程与战争金融制度之间的关系，从而为研究人类现代进程、为研究金融史开辟了全新的天地。以桑巴特、布罗代尔[①]为代表的"年鉴学派"发展了《资本论》的这一思想，列宁的《帝国主义论》也继承了马克思的这一研究方向。

至于《资本论》第二卷中资本流通量、流通速度的论述，今天生活在互联网金融时代的我们，也许才有可能第一次读懂它，而此前，几乎可以肯定地说，很少有人能够读懂这一部分。当代西方主流经济学，特别是供给学派，一边诅咒马克思，一边却剽窃了《资本论》这一部分的创见，却从来没有为这种剽窃感到过脸红。

《资本论》从第三卷开始才全面论述资本——货币生产与交换的领域，特别是今天风起云涌的金融业的方方面面，但万分可惜的是，大部分内容都没有来得及展开。正是在这一部分中，马克思指出：现代资本经济，既不是建立在货币流通，更不是建立在商品流通的基础上，因为

---

① 费尔南·布罗代尔（1902—1985），法国历史学家，年鉴学派的第二代代表人物，提出了著名的长时段理论。代表作有《菲利普二世时期的地中海和地中海世界》、《法国经济与社会史》、《十五至十八世纪的物质文明、经济和资本主义》及《资本主义论丛》等。

现代资本经济是建立在生产者—销售者—消费者"互相预付"的基础上，即建立在"信用"的基础上。信用是货币生产与交换的基础——在一个劳动者没有夺取和支配信用体系的世界里，资本对于劳动的支配不可能得以改变——这一论断是晴天霹雳，但是，它依然没有惊醒我们这些愚人。

《资本论》是未完成的，实际上，除了马克思之外，没有人能够完成它。今天看来，马克思的悲哀是，那些号称追随他的人，很少能够读懂他，而马克思的骄傲则是，那些不自量力号称要 Pass 他的人，最终都被时间证明是些"无知者无畏"的喜剧人物。

"伟大也要有人懂"——这句话用在马克思身上，恐怕是再合适不过了。

第十四章

为什么说美国是世界上最大的资本主义国家呢？

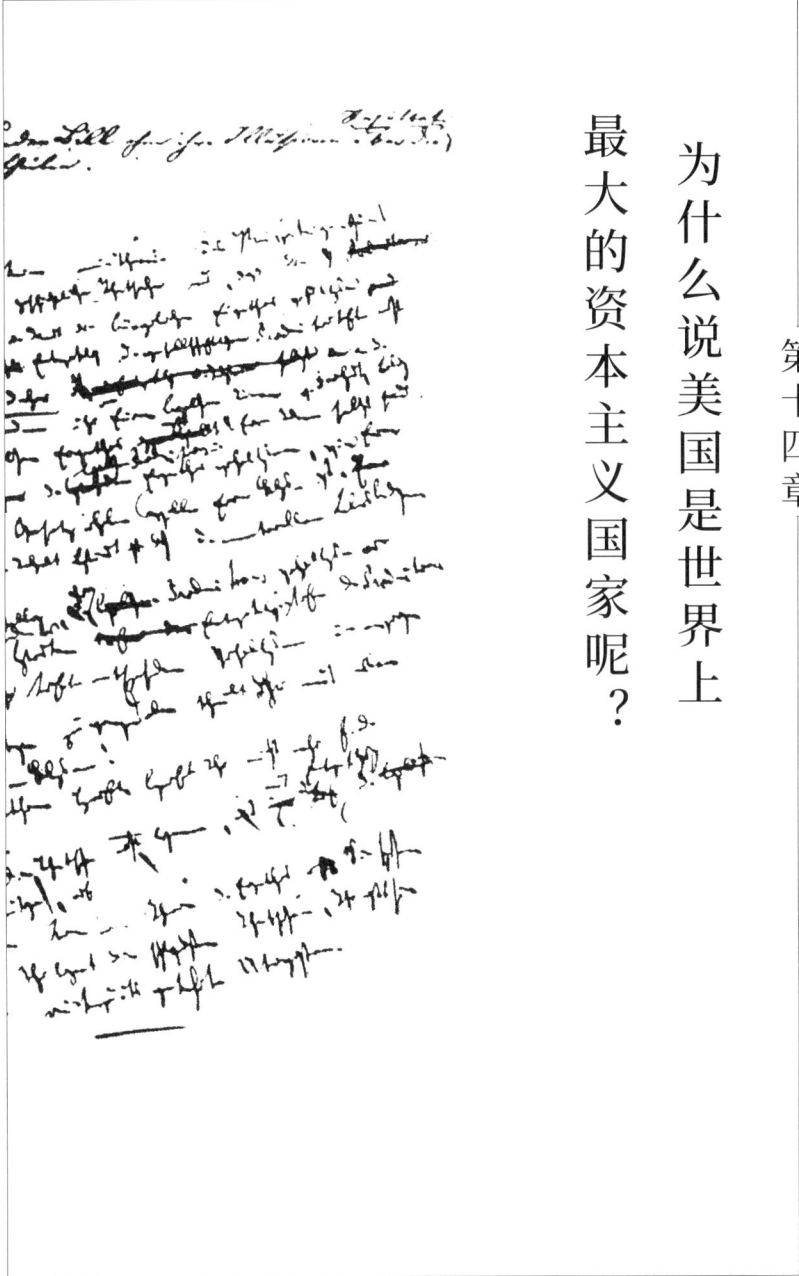

《资本论》划出了一个时代——资本的时代。

什么是资本呢？人们常说，资本，就是企业家所剥夺的剩余价值。但是，这种看法是极其简单化的。起码企业家经营所必须的厂房、机器设备等所谓不变资本，就不能简单地说是从工人的剩余价值中"剥夺"来的。

实际上，在大工业条件下，几乎没有谁能够完全用自己的钱来经营企业。企业的经营资本，甚至包括工人的工资，往往都是企业经营者从金融投资机构借贷来的。

因此，在现代大工业条件下，资本，首先就是指金融机构的投资；资本，也就是金融投资机构经营的产品。

那么，那个看起来脱离了商品生产与交换的货币生产与交换领域，究竟建立在什么基础上呢？历史上的金融投资机构又是怎样产生的呢？

马克思关于资本的论述可谓博大精深，但他对资本的一句诅咒最为著名："资本来到世间，从头到脚，每个毛孔都滴着血和肮脏的东西。"

为什么这样说呢？因为资本，起初就是对"战争的投资"。资本主义制度，或者说现代金融投资机制，其实是与"战争国债制度"一起出生的。

　　什么是资本家呢？资本家起初就是替教会放债的"中间人"，是那些借钱给国王们互相杀伐的放债人，就是那些为国王们筹措战争经费的人。中世纪后期，教皇统治欧洲的方式，便是分别放债给那些诸侯国，鼓励它们互相打，以此对其"分而治之"——而随着历史的发展，这种投资必然转变为国债，并经国王之手分摊到老百姓头上。

　　想一想本书开篇所讲到的罗斯柴尔德家族在拿破仑战争中扮演的角色吧！而那个家族至今还是世界上最大的资本家集团。

　　现代金融制度、战争国债制度，就是这样伴随着资产阶级发起的殖民战争以及各民族之间的战争一起登上历史舞台的。马克思在《资本论》第一卷"所谓资本的原始积累"中论述道：

　　　　在所谓国民财富中，真正为现代人民所共有的唯一部分，就是他们的国债。因此，一个国家的人民负债越多就越富这一现代学说是完全合乎逻辑的。公共信用成了资本的信条。随着国债的产生，不可饶恕的罪恶，已不再是亵渎圣灵，而是破坏国债的信用了。[①]

　　马克思的这些话放在今天同样是真理。如今哪个国家最富？美国。哪个国家的老百姓欠债最多？还是美国。作为世界上最大的军事霸权国家，美国的债务主要就来自其庞大的军事开支和战争投资。

　　那么，现代金融机构经营的"产品"究竟是什么呢？实际上，金融机构经营的并不是钱（货币），因为它经营的是"信用"。

　　罗斯柴尔德家族借钱给反法联盟，这是以联盟各国的"信用"为抵

---

① 《马克思恩格斯文集》第5卷，人民出版社2009年版，第864—865页。

押的，是以各国的信用、税收和国土为抵押的。而通过这种抵押物，他们又获得了什么呢？

他们获得的是欧洲主要国家的货币发行权。马克思说，现代金融业的发展，就是从1694年英格兰银行的创立开始的，这家银行以国王的债务为抵押，获得了发行英镑纸币的权利。从那时起到今天，只要英国王室借英格兰银行的钱没有还清，只要大英帝国不倒，英镑纸币的"信用"就不会倒。

《资本论》指出：在资本时代，占支配地位的既不是商品流通，也不是货币流通，不是商品生产与交换的市场，而是货币生产与交换的金融。它集中体现为"信用"即"票据"的流通。因为在资本时代，生产者—销售者—消费者之间的关系，并不是简单的货币买卖关系、商品交换关系，而是"互相预付"关系。因此，正是"信用"把这个时代的经济活动以世界的规模组织起来，"信用"就是资本时代最基本的组织方式。

在这样的时代，销售者绝不可能把生产者提供的产品一股脑儿全部买下，然后再拿去销售。实际上，生产者从经销商那里拿到的只是一个"信用凭证"而已，而回款和结账则是很遥远的事情。同样的，希望消费者能够用现金支付如此丰富、庞大的"物质涌流"，也是根本不可能的，资本社会的大宗消费，一般只能采取"信用按揭"这种方式进行。

由于生产的规模总是在扩大，便没有一个生产者能够以"自有资金"去应付这种生产规模的不断扩大，于是，企业经营者必须获得投资，而这里所谓的投资，与其说是一定数量的货币，还不如说就是"信用"。因为正是企业和企业家的"信用评级"，决定了其能否获得货币以及能够获得多少货币投资。

马克思简短地概括说："信用是道德化的货币。"这就意味着：对于投资者而言，我向某人投资，这绝不仅是借钱给他，更是把"信任"赋予他。如果用皮尔庞特·摩根的名言来说便是："银行家只向自己'看好'的人投资，而不是向那些有抵押物的人投资。那些我不信任的人，那些没有信用的人，即使他有财产做抵押，也休想从我这里拿走一分钱。"

那么，谁是他们"看好"的人呢？当然就是那些社会法则中占支配地位的强权。

1815 年，罗斯柴尔德家族帮助反法联盟打败了拿破仑；1871 年，摩根财团帮助普鲁士和法国镇压了巴黎公社；1931 年 9 月 18 日，日本在摩根财团的支持下发动了九一八事变，这些历史课本中没有讲述过的秘密，无非再次印证了《资本论》的名言："资本来到世间，从头到脚，每个毛孔都滴着血和肮脏的东西。"①

借钱总是有风险的，这样一来，信用评估和保险业就成为一项新的、极其有利可图的生意。如今，生产者也就是借贷者，在定期缴纳利息、税收之外，往往还必须付出一大笔保险金。因此，在资本时代，企业利润绝不可能全部归于企业家，因为信用的垄断者占据了利润的绝大部分，最终留给企业和企业家的则是很小的部分。因此，在马克思那里，"企业家"与"资本家"是完全不同的范畴。

概括起来说，什么是资本呢？资本就是对"信用"的经营。

马克思的经济学与其他经济学的基本区别是：前者研究的是"资本与信用（金融）"，后者研究的是"商品和货币"，前者是高端的、复杂的，相对来说，后者则是初级的、天真的。

《资本论》创造性地区分了"资本经济"和"市场经济"。资本主义社会是靠资本即"信用"组织起来的，而不是靠市场交换组织起来的。

①《马克思恩格斯文集》第 5 卷，人民出版社 2009 年版，第 871 页。

人们之间的互相信任，构成了"信用"的基础，正是这种信任把人们组成一个自由的联合体。但是，市民社会里的人们是孤立的、彼此对立的，他们之间最缺乏的恰恰就是信任，这使得"信用"成为那个社会最稀缺的资源，当这种稀缺资源被少数资本家所垄断，成为服务于少数人私欲的资本，那么，资本和"信用"就成为奴役人们的工具。

　　我们必须记住的是：马克思反对的是"资本主义"，他从来没有简单地反对"资本"，实际上，《资本论》就是以"资本"和"信用"作为研究对象的。而现代世界的核心问题在于：尽管生产和交换已经全球化了，但信用和资本却依然垄断在以美国为首的少数发达国家的金融家族手里。而这几个家族的特殊利益与全世界人民的普遍利益之间的矛盾，也就是当今世界的主要矛盾。

　　马克思认为，信用是劳动者联合的重要手段，如果劳动者能够建立起属于自己的信用体系，那么，它就能从最高端控制经济活动，并战胜资本家集团对资本和信用的垄断，变资本支配劳动为资本为劳动服务。今天，劳动者与资本家之间的斗争，并不是单纯地围绕着商品和货币进行的斗争，因为这最终是围绕着"资本"和"信用"掌控权进行的斗争。

　　马克思毕生都在思考劳动者掌握资本和信用的方式，正是基于这个原因，他和恩格斯都认为，巴黎公社最大的失败和局限，就在于劳动者阶级没有占领法兰西银行，更没有学会掌握、管理、运营资本的方法——而这就意味着，劳动者阶级还不懂得如何把他们之间兄弟般的"信任"，转变为他们自己的生产活动服务的"信用"。

　　如果从《资本论》的视野看去，苏联最大的失误其实就在于此，这种失误与巴黎公社犯的错误极为相似。苏联虽然成功地建立起一个足以与西方对抗的生产—交换体系，但是，即使在社会主义经济共同体——经济互助委员会之间，也没有建立起一个独立自主的信用体系，更没有建立起与之相关的金融机制。

苏联经济的弊端，并非由于它没有把计划经济改造为市场经济，而是没有成功地把社会主义的商品经济，提升为社会主义的"信用经济"。

正是由于信用体系的缺乏，由于投资机制的僵化，社会主义生产力的发展受到了极大的限制，实际上，苏联不仅是被西方的意识形态机器所摧垮的，更是被美国的金融资本战略所击溃的。

"社会主义信用经济"是中国共产党新一代领导集体提出的一个重要范畴。而金砖国家开发银行和亚洲基础设施投资银行，则是在中国的倡导下，是在习近平高瞻远瞩的强力推动下，方才横空出世的——这是向马克思所指出的方向（建立与全球生产力发展相适应的投资关系）迈出的关键一步，这对于中国来说也许只是一小步，但对马克思的社会主义事业来说，却是"而今迈步从头越"的一大步。

而创建一个以美国为核心的全球信用体系，维护美国对全球利润的独占，这正是尼克松所谓"美国不战而胜"的秘诀。

为什么说美国是世界上最发达的资本主义国家呢？美国的统治集团究竟是怎样抓住了资本时代的经济命脉的呢？当然，这是因为美国手里掌握着世界上最庞大的资本，而美国之所以能够做到这一点，不仅在于美元是世界货币，美联储垄断了这种世界货币，更在于美国建立起覆盖西方世界及其盟国的信用体系、信用网络，正是依托这一信用体系，美元才源源不断地被制造出来。

美元并非建立在美国的生产和贸易总量的基础上，而是建立在美国"信用"的基础上，它确认的是世界各国与美国之间的"信任关系"。

美国是靠经营和贩卖其"信用"而发财的。

在第一次世界大战中，美国只是到了战争的最后一刻，方才象征性地参战，而此前，它主要是向欧洲各国放贷战争款。第一次世界大战结束后，欧洲战胜国共欠了 280 亿美元的战争债务，其中 120 亿美元是欠美国的，而德国要担负的战争赔款则高达 600 亿美元。

《凡尔赛条约》刚签署不久，参与协定起草的英国经济学家凯恩斯[①]就预言说，无论是战败的德国还是欧洲的战胜国，实际上都不可能还清自己欠美国的债务。债务链条的最终断裂，终将导致国际金融和贸易体系的崩溃，而无法清偿的债务只能用战争来解决，因此，另一场世界大战是无法避免的。

在美国成为世界上最大的战争投资国之前，资本家与国家还是分离的，无论是意大利的美第奇家族还是法兰克福的罗斯柴尔德家族，他们只不过是国家的债主和理财人，而不是国家政权本身。但是，自从第一次世界大战结束后，美国这个国家就成为世界上最大的放债人，这主要是因为美国的联邦储备银行变成了由 12 家私人银行构成的资本家机构。资本家变成了美国的主宰者，而美国变成了资本家的国家，它垄断了国际货币和信用体系，而这是人类历史上前所未有的巨变。

这场巨变进行得悄无声息。1910 年年底，摩根和洛克菲勒亲自召集了仅有 6 人参加的秘密会议，会议的地点是佐治亚州的哲基尔岛，而"六人帮"开黑会的名义竟然是——打野鸭子。

事实上，这 6 个人在岛上一只野鸭子也没打，因为他们要打的"鸭子"其实就是美国。在这次秘密会议上，他们决定成立一个以摩根和洛克菲勒家族为核心，由 12 家私人金融机构组成的银行，而成立这个银行的目的，就是确立"最终信用者"的地位，在经济危机时，要由这 12 家金融机构向货币市场注入流动性。而为了确立这种"最终信用者"

---

① 约翰·梅纳德·凯恩斯（1883—1946），现代西方经济学最有影响的经济学家之一，他创立的宏观经济学与弗洛伊德所创的精神分析法和爱因斯坦发现的相对论一起并称为 20 世纪人类知识界的三大革命。

地位，就必须把美国货币的发行权，从美国国家和美国人民手里夺走，归于 12 家私人银行联合体。

通过垄断和贩卖"信用"而发财，而这不过是对美第奇家族、罗斯柴尔德家族生财之道的继承与发展。

他们的计划成功了，这个银行于 1913 年成立，它的名字就叫美联储。美联储无疑是这个世界上最大的信用垄断者，从那时起，我们这个世界就是由美联储统治着。

今天看来，比亚当·斯密晚出生了差不多一个世纪的阿克顿勋爵的一句广为流传的名言，倒是非常接近马克思所揭示的资本时代的真理，只是勋爵的名言被广泛地误解了。他说：当前时代的问题不是"人民与政府"的关系问题，而是"人民与银行"的关系问题。因为英格兰银行已经由银行家的银行变成了政府的"政府"，这个"绝对权力导致绝对腐败"。

阿克顿勋爵所说的时代，便是我们的时代，这是一个资本和信用被少数人垄断和支配的时代。

第十五章 美国为什么没有社会主义？

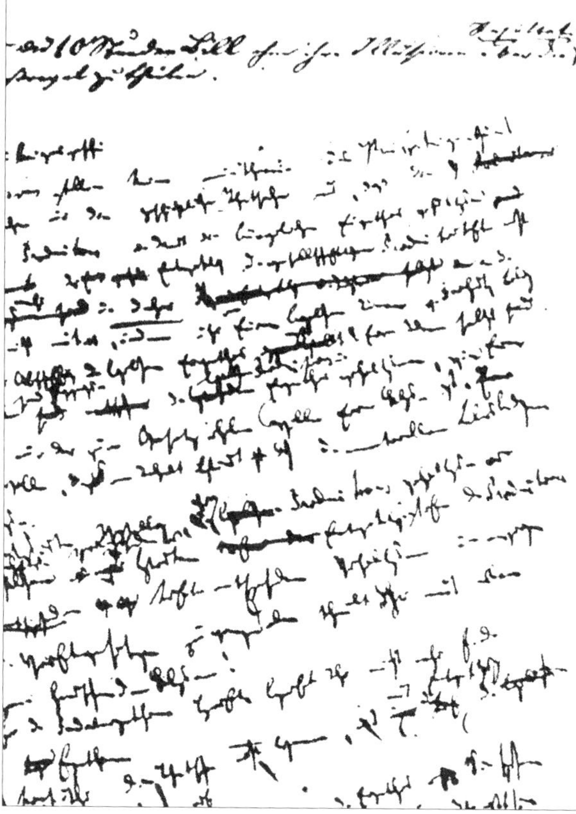

美国是世界上最发达的资本主义国家，而世界上最大的资本主义国家既没有爆发激烈的阶级斗争，更没有发生社会主义革命，正是这一"事实"，对马克思主义构成了舆论上的尖锐挑战。

　　实际上，美国与社会主义绝非毫无关系，恰恰相反，美国曾经是社会主义的摇篮。19世纪初，被恩格斯奉为"科学社会主义的创始人之一"的罗伯特·欧文，正是在美国印第安纳州建立了第一个社会主义合作社——"新和谐"公社。

　　1886年建立的"美国劳工联合会"（The American Federation of Labor），是世界上最大的工人阶级组织。马克思和恩格斯对美国工人阶级运动抱有热烈的希望，马克思甚至希望移民到美国去，尽管他再次"自我放逐"的愿望未能实现，但由他创立的国际工人协会的总部，最终还是搬到了纽约。

　　不过，恩格斯去世之后，美国的工人阶级运动却日益陷入低潮，社会主义也在美国逐渐丧失了合法性，仔细说来，这是由以下几个原因造成的。

　　第一个原因就是马克思在《路易·波拿巴的雾月十八日》中所分析

的：工人阶级不是一个天然的整体，工人阶级内部也存在着不同的利益诉求，要使他们团结为一个整体、一个阶级，这需要做艰苦的工作，更需要历史的契机。而美国的情况正是这样。

美国工人的成分非常复杂，工人内部的分歧，有时甚至比劳资之间的矛盾还严重，由于历史的原因，美国工人阶级内部才产生了严重分化。加里·纳什在其名著《美国人民》中这样指出：

> 工人队伍里种族和宗教的差异，使他们的联合变得十分困难。没有其他的工业国像美国这样依赖移民。由于没有共同的文化背景、目标和语言，移民间产生了种种误会和摩擦。而且，来自同一国家的移民工人常常只是在某一行业聚集，与来自其他国家的及本土的工人缺乏联系。纽约罐头工厂的意大利女工想罢工，而叙利亚和波兰工人却满足于他们的工资而拒绝罢工。美国工人不希望自己的工厂主是意大利人。不同种族的技术差异也是导致不和的原因。
>
> 移民工人对工会漠不关心，也不在乎和当地美国人的矛盾。许多外国人都打算要再回老家，对改善美国工人的劳动条件就更没有兴趣了。而且他们只想工作，不在乎顶替罢工工人干活。厂主雇佣他们破坏罢工的行为常引发暴力。一些美国人指责移民满意于低工资，导致工人运动失败。工人内部的分歧和劳资之间的矛盾一样严重。工人分化了，获益的当然是厂主们。①

第二个原因依然还是马克思在《路易·波拿巴的雾月十八日》中揭

---

① [美] 加里·纳什等著：《美国人民：创建一个国家和一种社会》，刘德斌主译，北京大学出版社 2008 年版，第 607 页。

示过的。他说：某个统治集团成熟的标志，就在于它善于通过制造矛盾来化解矛盾，或者善于用其他的社会矛盾来转嫁阶级矛盾。而美国正好存在着多种多样的社会矛盾，美国恰好也存在这样一个老辣的统治集团。

霍华德·津恩①的杰作《我反抗：一部独特的美国史》是一部生动的教材。津恩通过高超的政治分析，揭示了在不同的历史时期，美国的统治集团是如何把尖锐的阶级矛盾，成功地转化为美国人与印第安人的矛盾、美国人与英国人的矛盾、美国南方与北方的矛盾、白人与黑人的矛盾、美国与越南的矛盾、美国与苏联的矛盾、美国与萨达姆·侯赛因的矛盾等等。

从这个意义上说，津恩的杰作就是一部美国版的《路易·波拿巴的雾月十八日》。

第三个原因则是马克思在《资本论》中所提出的：资本主义的统治意味着一种"数目字意识形态"的统治，即金钱的统治。而这一点在美国表现得最为明显，对普通的美国人来说，"成功"就是变得富有，人生的主要目标就是赚钱，以至于托克维尔在其杰作《论美国的民主》中如此感慨道："我还没见过哪个国家的人比美国人更爱钱如命。"

托克维尔的观察当然是对的，不过某种意义上他也是不对的，因为使美国人沉迷于发财梦（美国梦）的，绝不是一种特定的精神或心灵偏好，而是因为在美国历史上的某一个时期，确实存在这样一种现实的可能性：许多两手空空来到新大陆的移民能够实现他们的"美国梦"，而在付出了艰辛劳动之后，美国的工人似乎也得到了相应的报酬，而这一

① 霍华德·津恩（1922—2010），美国左翼历史学家、政治学者、社会评论家、剧作家。

点，与全世界劳动者的处境是极为不同的。也正是这种处境，使得美国的工人越来越站在了雇主一边，他们甚至认为：自己就是雇主的合作伙伴，而并不是被其剥削的雇工。

至此，我们就必须解释上述现象：使得美国的劳资、阶级矛盾缓和的最终原因究竟是什么？

而对这个令全世界的左翼人士感到头疼的问题，所能够做出的最直率的回答，大概就是桑巴特那本著名的小册子——《为什么美国没有社会主义》。不过极为反讽的是，桑巴特的结论竟然是这样的：美国的崛起和成功之路，还是印证了马克思最基本的论断——一个城邦兴旺发达的基础，就在于它拥有巨大的"公共财富"。而美国之所以没有社会主义，就是因为美国拥有巨大的公共财富，正是这笔巨大的公共财富，从根本上缓解了美国的阶级矛盾。

而对美国来说，这一巨大的公共财富，首先就是指广阔的公共领地——是那气候适宜、水草丰美、辽阔无垠与天相接的北美大陆上的处女地。

实际上，《为什么美国没有社会主义》这本小册子的结论，就在于其结尾所引用的那一大段亨利·乔治的话。正是这段朴实无华的话，方才真正说出了最基本的"事实"：美国之所以看起来"例外"，就在于它是世界上唯一一个"先天具有"公共财富的国家。

亨利·乔治论述美国拥有公共财富的那段话是这样说的：

> 这一公共领地——尚未变成私有财产的广阔土地，精力充沛的人总会去面对的巨大公地，自从第一批殖民者来到大西洋沿岸的边缘开始，就已经成为塑造我们民族性格和影响我们民族思维的主要因素。

并非是因为我们避开了有头衔的贵族，取消了长子继承制，并非是因为我们选举了我们所有的官员，从学校董事到总统，并非是因为我们的法律以人民的名义而不是以帝王的名义来执行，也并非我们的政府与宗教无关，我们的法官不戴假发——所以我们才免除了那些在国庆日演讲的人们所说的旧世界的专制的影响。

　　普遍的机智、普及的舒适、主动的创造、适应和同化的能力、自由独立的精神，以及我们的人民所具有的活力和希望——这一切并不是原因，而是结果——因为它们就来自于没有篱笆的土地。

　　这一公共领域已经成为一股转化的力量，将不节俭的、没有雄心壮志的欧洲农民变成了自力更生的西部农场主；它甚至对那些拥挤的城市居民也赋予了自由意识，成为那些甚至没有想过要借此避难的人们的希望源泉。

　　在欧洲，当孩子们长大成人，他们发现人生宴席上的所有好位子都已经被占满了，他们不得不和同伴们争夺剩下的残羹冷炙，难得有千分之一的希望抢到或者偷到一个位子。但在美国，无论他身处什么境遇，总有一种意识在背后鼓舞他，就因为在他背后有一片公共的领地。

　　对于这一事实的认识、行动和反应，已经渗入到我们全部的民族生活，赋予我们这个民族慷慨和独立的特性，赋予我们这个城邦活力与雄心。所有我们引以为豪的美国人民的性格，所有那些使得我们的处境和制度优于那些古老国家的原因，都可以追溯到美国土地极其廉价这个最终的事实，因为总有新的沃土已经对移民敞开着。①

---

① ［德］维尔纳·桑巴特：《为什么美国没有社会主义》，王明璐译，上海人民出版社 2005 年版，第 162—163 页。

亨利·乔治的这番至理名言，不禁令人想起电影《飘》的结尾：郝思嘉捧着一捧美国沃土哭着哭着又笑了，而她手中的那一捧沃土，实际上就是美国"公地"的象征。

结论是：正是上述四个方面，造成了美国阶级关系的相对缓和，也铸成了社会主义在美国的命运。

尽管如此，我们还是需要补充另外一个事实，因为无论在亨利·乔治还是在桑巴特那里，这个"事实"是他们没有提及的，而这个事实却至关重要：美国的公共土地并不是上帝对美国的恩赐，因为它是北美殖民者通过持续不断的战争抢来的——先是对印第安人，随后是对墨西哥和古巴，然后就是对全世界。而无论我们以何种方式谈到美国——这个世界上最强大的国家，我们都必须立足于这样一个基本前提，这个前提是托克维尔、桑巴特、亨利·乔治都谈到的，马克思同样也注意到了这一点。这个前提是：美国是一个拥有庞大公共财产的国家，当世界其他地方的公共财富都已被私有化进程掠夺殆尽之后，唯独美国还拥有巨大的公共财产——特别是仿佛与天涯相连的广阔公地，而这构成了美国繁荣昌盛的真正基础，也构成了"美国精神"似乎不竭的源泉。

"美国人民"——首先是白人男性，正是这笔巨大的公共财富的主要受惠者，这构成了支撑他们个人奋斗、自由竞争的坚实基础与保障。但是，这些人对于印第安人、黑人以及外国人却从来不是这样说的。《独立宣言》起初所申诉的"平等"，无非是要求英国与美国平等，即要求美国的独立自主，而随后，"平等"却变成了美国白人中产阶级内部的平等，变成了美国与世界其他地方的不平等。美国的"例外"，就在于它是唯一一个有能力剥削和榨取全世界剩余价值的霸权。

如果从马克思所说的"世界制度"的历史发展来看，我们可以得出这样的结论：一方面，美国与罗马帝国极为相似，特别是它们都以战争和掠夺的方式建立起庞大的公共财富，并在公共财富的基础上建立起强大的共和制度。不过另一方面，美国与罗马帝国又非常不同，因为除了战争之外，美国积累庞大财富的另外一种方式是垄断国际资本和国际信用，美国运作投资和债务的方式，是罗马人不懂得的，而那正是基督教的遗产。

讽刺性的是，美国的统治集团显然深谙马克思所揭示的资本之道，与之相比，那些认为"马克思早就过时了"的人，并没有认真读过马克思的书。例如，一种对《资本论》最草率的理解以为：剩余价值只能从生产领域——即通过剥夺工人，从而垄断商品的剩余价值而产生。实际上，马克思在《资本论》第三卷论述《信用与虚拟资本》时已经指出，通过操纵信用可以攫取剩余价值，如果不是这样，就不能解释银行为何通过按揭贷款得以获利，不能解释美国何以通过垄断信用，借钱消费而拖垮全世界，更不能解释投资战争何以能够发财。

正是马克思在《资本论》中阐述了这样的观点：只有当战争与金融结合在一起的时候，资本主义才能把全世界踩在脚下。而美国恰恰就是这样做的。

因此，要了解美国和美国式的资本主义道路，我们还是需要回到马克思。

第十六章

为什么说只有社会主义

才能发展中国？

1871年，巴黎公社运动爆发了。那一年，马克思53岁，而此时《资本论》第一卷已经出版近五年了。

　　巴黎公社运动并不是恩格斯所设想的发生在工厂里的工人罢工斗争，而是一场城市运动，如果用马克思的话来表述的话，那就是：它不是发生在"生产领域"里的斗争，而是发生在"社会再生产领域"里的斗争。

　　什么叫社会再生产领域呢？与"生产领域"相区别，"再生产领域"是指人们的社会生活领域，今天，它特指住房、教育、医疗、养老这几个领域。

　　此前，资本投资主要是通过"生产领域"里的剥削来榨取剩余价值，但是，随着生产领域里"一般利润率"的日益下降，资本榨取剩余价值的冲动，开始从生产领域转向了社会再生产领域，而首先就是转向了城市里的房地产业。

　　资本主义是在城市里发端的，它极大地推进了城市的扩张，城市扩张带动了资本和投资的扩张。而城市的改建和扩建，虽推动了资本的积累，却也总是与城市的高负债联系在一起。同时，在拆建过程中无一例外地制造着大量的社会矛盾和环境问题，大量的公共资源被资本家和开发商占据了，从而酿成了不断上演的城市危机。

《共产党宣言》指出了城市无产阶级的处境，而这种观察超越了生产领域，进入到了社会再生产的领域："工人领到了用现钱支付的工资的时候，马上就有资产阶级中的另一部分人——房东、小店主、当铺老板等等向他们扑来"①。如今对劳动者进行剥削的，已经不仅是工厂主，也包括店主和房东、经营房贷的银行和中介。住房、医疗、教育、养老的压力，日益成为束缚城市劳动者的枷锁。现在，无产阶级斗争的目标已经不仅是夺回工厂，而是要夺回城市，要使城市按照劳动者的意志，而不是资本家和开发商的意志组织起来。

在希腊和罗马，城邦就是"公共事业"的代名词，"条条大路通罗马"，而象征着罗马公共事业的，不仅是壮丽的罗马大道，而且也包括会堂、剧院、广场、公共浴场和运动场。而巴黎同样也是一个由广场和大道等公共空间构成的城市，但是，随着路易·波拿巴这个空手套白狼的"流氓无产者"所代表的金融骗子们上台，巴黎的公共空间却日益被摧毁了。

房地产业的实质就是公共空间的私有化。它的发明者便是法兰西第二帝国皇帝、"流氓无产者"路易·波拿巴。法兰西第二帝国成立后，路易·波拿巴任命高利贷者富尔德为财政部长，同时任命股票投资商奥斯曼负责巴黎的市政工程建设，使房地产业成为巴黎的支柱产业，于是，街道被斩断了，公地被侵占了，经过几轮房价暴涨之后，巴黎的地产业和金融业崩溃了。1871年的巴黎所面临的危局就是：它不仅是一座被普鲁士占领的城市，而且更是一座财政完全破产，陷入全面负债的城

---

① 《马克思恩格斯文集》第2卷，人民出版社2009年版，第39页。

市。这就是巴黎公社运动爆发的历史背景。

只有公社才能拯救巴黎。而巴黎公社运动的口号是：劳动者要夺回巴黎，必须按照劳动者的意志建设、管理巴黎。

巴黎公社本想请马克思写一个成立宣言，而马克思却以做学问的态度写了三稿，等马克思把稿子写完，公社已经失败了，公社的宣言就这样变成了公社的悼词。

这篇伟大的"悼词"就是著名的《法兰西内战》。

《法兰西内战》这篇文献究竟讲了什么呢？这篇文献的核心，讲的是"社会"。

什么是社会？社会原本是一个罗马词，即拉丁语的 socius，它的原意是"一起吃面包"，后来又引申为合伙、伙伴、搭伙。孙中山当年用"民生主义"来翻译"社会主义"，他说："民生主义"的意思就是有饭大家吃，这就非常确切地抓住了"社会"（一起吃面包）的含义。而最早把 socius / social 一词翻译为"社会"的，是日本人福地樱痴，但他的这种译法则太过抽象，反而失去了这个词的原意。

实际上，社会既是"一起吃面包"（人人有饭吃），也是大家吃饭的那个"锅"。而"锅"则形象地道出了"社会"的另一面，即人们共同生活所必需的"公共产品"。

什么是"公社"呢？马克思说，公社是人们为了生产和分享公共产品而组成的自愿、自由的联合体。公社，是与国家和市场完全不同的组织方式，因为后者是"被动的联合"。

在《关于费尔巴哈的提纲》里，马克思说："旧唯物主义的立脚点是市民社会，新唯物主义的立脚点则是人类社会或社会的人类"。[①] 这

---

① 《马克思恩格斯文集》第 1 卷，人民出版社 2009 年版，第 502 页。

就是说，市民社会是被迫的、被动的联合，"人类社会"或"社会化的人类"则是人们主动的、自愿的联合。当人们认识到自己的共同利益，并按照人类的共同利益自动地、自愿地组织起来的时候，这样的组织方式，就叫作"公社"。

巴黎公社运动，是世界上第一次具有社会主义性质的革命，因为它第一次现实地说明：人们为了共同利益，自愿、自觉地组织起来是完全可能的，也是完全可行的。而从那以后，发生在俄国彼得格勒的十月革命，以及发生在美国的反越战运动、黑人民权运动、西雅图反对伊拉克战争运动和占领华尔街运动，都是巴黎公社运动的继续。

社会主义运动，就是从创建社会——即劳动者自愿的组织入手的，比如说，中国革命就是从创建工会、农会、青抗会、妇救会、儿童团、识字班起步，最终把一盘散沙的中国人组织起来的。如果说国家的功能是富国强兵，市场的功能是发财致富，那么社会的功能就是"谋幸福，送温暖"，就是"劳动人民自己组织起来，帮助劳动人民一把"。

马克思说，人的活动绝不仅是生产与工作，人还必需有吃有喝、有住处、有病能看、能结婚繁衍后代、能休息和娱乐，能通过文化教育事业提升自己——只有在这样的前提下，他（她）才能从事生产和工作。与前者(物质的生产）相联系，马克思把后者称为"社会再生产"，他说，"社会再生产"构成了物质生产活动的前提，因而"社会"构成了"市场"的基础，经济活动、生产活动必须建立在这个基础之上，但是，资本主义的经济活动却正在破坏这个基础，"市场"正在瓦解"社会"。

在巴黎公社之前，人们只知道有国家和市场，而不知道什么是社会，也不知道社会怎样发挥其功能。即使今天，人们往往也搞不清国家、市场和社会的关系究竟是怎样的。有些经济学家甚至荒唐地认为，只要市场就可以了，国家与社会是完全不必要的。实际上，这些人完全错了。

马克思思考的出发点是现实的人，这样的人既不是神也不是机器，而人的一生其实只有四件事：生老病死。可惜，这四件事恰恰都是市场不管的，而国家即使想管也管不过来，于是，管这四件事的，只能是社会。

为什么说市场不管这四件事呢？因为亚当·斯密早就指出：市场的主体，是指"有能力的交换者"和"有效需求者"，而老弱病残是"没有能力的交换者"，穷人不是"有效需求者"，因此，他们理应被排除在市场之外。试想，如果把教育、医疗和养老通通交给市场，那么大部分老人和孩子就惨了！因为他们是"没有交换能力"的弱势群体。

为什么这些事也不能全靠国家呢？因为马克思说，国家本质上是强制性的力量，是暴力机器，国家只能是按照既有的等级秩序去强制性地分配资源，它几乎不可避免地会造成公共资源的分配不均，造成公共资源分配的等级化。何况国家是管内政外交等大事的，国家确实没有能力对老百姓的"小事"管得那么细。

在法语里，公社（commune）作为阴性形容词是指公共的、共有的，作为单数阳性名词是指大多数，作为单数阴性名词是指城市自治，作为复数阴性名词特指英国下议院。概括起来说，公社就是管理公共财产、城市大多数民众的基层自治组织。

公社是基层群众的自愿组织，它与国家组织是不同的，与市场组织更是不同的，这种"主动的、自愿的联合"只能采取平等的、公开讨论的方式行动，而它的源头就是希腊城邦议会。罗马共和制度，就是按照"城邦社区（议会）"的方式构建起来的。巴黎公社正是现代无产阶级的新罗马，公社也建立了罗马式管理公共事业的组织——人民委员会。罗马元老院由全体公民选举产生，可随时罢免，不拿薪水，而人民委员会则由劳动者选举产生，可随时罢免，只拿普通工人的工资。

人民委员会真正体现了"罗马议会"（communes）的实质，而它管理的对象，主要就是社会再生产领域，或者说，就是孙中山所谓的"民生领域"，也就是公共产品的提供与分配：保障面包的充足，交通的畅通，公租房、幼儿园、医院的建设，等等，即必须保证这些领域是非营利的，是对所有公民平等开放的，是人人可以享受的基本人权。

美国没有社会主义吗？其实想一想林肯的名言：民治、民享、民有——这已经十分近乎"巴黎公社的原则"，而林肯说这番话的时候，恰好正是巴黎公社运动爆发的时代。但是，正像巴黎公社被残酷镇压了一样，林肯也被枪杀了。

资本主义号称富裕，但却穷得养不起"社会"，即养不起学校、幼儿园、医院和养老院。在那里，"社会"不是基础，而是负担和包袱，那个制度穷得甚至连空气都不能免费。而马克思骄傲地说：巴黎公社最大的管理成就之一，就是多年积存、遍布巴黎各个角落的垃圾，几乎在一夜之间就被清理完毕。只有在公社统治那短暂时光里，巴黎才变得干净整洁、夜不闭户、大道通衢。在公社执政时期，面包的供应从未发生短缺，而原本盗匪横行的巴黎竟然没有发生一起刑事案件！无产阶级靠立足基层的群众自愿组织来处理公共事务，而那正是罗马传统在当代的复活——马克思骄傲地说：想知道什么是无产阶级专政吗？这就是了！

按照资本主义的方式建设城市，无非就是把金融和房地产业结合起来，把城市当作榨取剩余价值的工具，就是公共空间的私有化，就是把教育、医疗等公共事业转变为赚钱的工具。而按照社会主义或"巴黎公社的原则"建设、管理城市，则要求把教育、医疗、养老、环境、公租房等"公共事业"放在首位，起码必须保障每个公民在人生起点（教育）和终点（养老）这两个方面的机会平等和均等。资本主义发展方式虽然能在一瞬间建成许多高楼大厦（随后使地产泡沫崩溃并造成"地方债"的烂摊子），但历史证明，它在教育、医疗问题上则永远一筹莫展，两相对照，两种发展方式究竟哪一种更有优越性，就是不言而喻的。

毛泽东晚年主张全党要认真学习《法兰西内战》这篇文献，并将此视为自己的一项政治交代。毛泽东为什么要我们读《法兰西内战》？他的政治交代又是什么呢？

我想，他的政治交代无非是两点。

第一，他提醒我们的党必须认识到："社会工作"这不仅是中国共产党的工作的"长项"，而且更是中国共产党获得人民的信任与拥护的根本法宝。

而所谓社会工作，又不外乎两个方面，一方面就是使人民自觉自愿地组织起来，这就是所谓来自人民、依靠人民、为了人民的真正含义，而它的具体工作方法，也就是党的"群众路线"。而社会工作的另一方面，就是全心全意地为人民提供公共产品、公共服务，这表现在，我们在中华人民共和国成立之初，就致力于建立覆盖城市的公费医疗制度，农村合作医疗制度，普及基础教育，建立农村"五保制度"，等等。我们党之所以得人心，原因就在于此；我们党之所以叫作马克思主义政党，原因也在于此。

而这一切，都是"巴黎公社的原则"在中国社会主义运动中的发展，这就是我们称之为"社会主义优越性"的东西。而毛泽东的政治交代，首先就是指：他要把这份"马克思的遗产"、社会主义遗产，郑重地交到我们的手上。

第二，毛泽东通过总结中国革命与建设的历史经验教训，阐释了"经济发展"与"社会发展"互相促进的论断。这突出地表现为他所提出的"生产关系的改革，反过来会对生产力发展起到积极促进作用"的重要思想。

毛泽东说：我们把生产关系搞好了、理顺了，生产力的发展就会上一个新台阶。因此，当经济发展遇到瓶颈与困难的时候，完全不必惊慌失措，这时正好可以及时把工作的重心转向社会建设，转向生产关系的调整，如此去做，则会为下一步生产力的发展奠定良好的基础。

新中国发展历史证明了他提出的这个科学论断。1956年以来，尽管我们经济增长的速度没有那么快，但是，由于我们致力于建设完善的社会体系，消灭了长期肆虐的各种疾病，普及了教育，扫除了文盲，培养了人民的组织能力，维护了各民族的大团结，最终则为改革开放以来经济的高速增长，造就了大规模的高素质的劳动力，为经济的长期发展奠定了雄厚的社会基础。

中国社会主义建设的历史经验告诉我们：所谓把辩证唯物主义与历史唯物主义运用到中国的实践，其核心也就是正确地处理"经济发展"与"社会发展"之间的辩证关系。

即使我们经济的发展遇到了暂时的困难，但只要我们能够真正发挥社会主义制度的优越性，及时地推动社会建设的大发展，在经济增速放缓的时候，能够致力于调整生产关系和社会关系，那么，就必定会为下一个阶段经济的大发展夯实基础。1956年以来的生产关系大调整是如此，而1997年面对亚洲金融危机、国内不少职工下岗，及时推出社会保障体系和全民医保体系的建设——我们的一系列战略调整同样也是如此。

怎样理解今天经济的"新常态"？我认为，这里的核心依然是如何辩证地处理好"经济发展"与"社会发展"之间的关系，如何处理好经济增长与民生改善之间的辩证关系。

当前老百姓最关心的是什么？恐怕是医疗、教育、住房和养老。人民的要求，就是我们工作的目标，努力的方向。马克思主义基本原理告诉我们，这些关乎社会再生产的领域，不应该成为资本榨取的对象，而应该成为我们社会工作和社会建设的着力点。一旦把这个领域的问题解决得比较好了，一旦把社会建设搞好了，我们的人民没有了这样的后顾之忧，生产与消费的增长点就会产生出来。

为什么说只有社会主义才能救中国，才能发展中国？

最简单地说，第一，是因为中国共产党来自人民、依靠人民，走群众路线，不走精英路线。第二，是因为我们能够按照辩证唯物主义的基本原理，处理好发展中的各种矛盾，特别是处理好经济与社会发展之间的矛盾。第三，就是因为我们能够建立现代企业制度，运营公共资本，积累公共财富。

关于这最后一点，我们在下一节里会集中论述。

为什么说马克思主义学说适合中国的基本国情？这就是因为：人口很多，资源有限——这是我国的基本国情。因此，共同分享资源，这不仅是我们的理想，也正是我们必须面对的现实。正像我们前面已经指出过的那样，正是基于这样的认识，马克思方才把中国文明视为"天然的共同体"；而且他还说：为了维护这个古老的文明、古老的共同体，中国人民就必须去为创造一个新的"人类共同体"而不懈奋斗。

我们应该把一切，看作那位伟大的"西方圣人"对于中国文明和中国人民的深切期待。

马克思晚年过着平静的生活，专心构造着他的经济学大厦，只是，他不告诉恩格斯何时才能够完成自己的伟大著作，甚至不让他看自己的手稿里面写了什么。他写了很多很多，稿子堆成了山，直到恩格斯放心地认为：完全不用催他了，所谓"拖延症"，那只不过是天才特有的禀赋，而马克思这个天才最终一定会把一切搞得妥妥的，最伟大的思想，总是在最后才会作为"凯旋乐章"喷薄而出的。

现在钱不是问题了，时间似乎也不成问题了，晚年的马克思已不再颠沛流离，而是在伦敦市中心的房子里面平静地工作着，但是，如今出现问题的却是马克思的健康。

1881 年 12 月，马克思的夫人燕妮去世了。1883 年 1 月，马克思的第一个孩子——他最钟爱的小燕妮也突然去世了，这给了马克思最沉重的一击。这一年的 3 月 14 日中午，马克思在工作之后打算上楼休息一下，而当恩格斯按照惯例在下午来拜访他的时候，却发现整个世界一下子都陷入了黑暗。

对于全世界的劳动者，乃至对于整个人类而言，最不幸的事情终于发生了，恩格斯流着眼泪下楼宣告：马克思永远地睡着了。

马克思逝世了，享年 65 岁。

国际悲歌歌一曲，狂飙为我从天落。在丧失了思想和言论的发言人之后，无产阶级是否会重归沉默无声的历史境遇呢？在丧失了马克思这伟大的大脑之后，无产阶级这个历史巨人是否也会轰然倒下呢？

马克思就这样永远地睡着了，巨变到来得如此平静，平静得毫无征兆。

这可慌了恩格斯，《资本论》那个手稿究竟写得怎样了呢？

恩格斯拿来手稿一看，真是欲哭无泪啊！这个伟大的左撇子留下的手稿里有些文字认不清，其中一些伟大的篇章还由于洒上了咖啡而变得面目全非。于是，恩格斯知道，从此以后，自己只能在没有天才和导师的黑暗世界里，独自摸索前行了！

如果说马克思是全世界劳动者的耶稣基督，那么，恩格斯就是无产阶级的圣保罗①。圣保罗创造了《圣经》，恩格斯则完成了《资本论》。恩格斯竭尽全力总结出马克思的部分遗稿，他把自己的后半生都花在了这项工作上。《资本论》第二卷和第三卷，都是恩格斯替马克思总结出来的。

马克思去世以后，飞利浦公司的第二任资本家，他虽然不肯为《资本论》法文版出一分钱，但却对马克思手稿很是在意，飞利浦公司四处搜求马克思的手稿并封存起来。

世界反法西斯战争胜利后，斯大林采用了各种办法，把马克思的大量手稿从荷兰、德国安全转移到了苏联，在此基础上，编辑出版了俄文版的《马克思恩格斯全集》。

"所不朽者，垂万世名；孰谓公死，凛凛犹生。"正是这些被保留下来的电光石火般的文字，使马克思的形象永生。

对马克思的思想著作有着深刻洞察和创造性理解的习近平总书记这样指出：

> 党的各级领导干部特别是高级干部要原原本本学习和研读经典著作，努力把马克思主义哲学作为自己的看家本领。②

为什么要"原原本本学习和研读经典著作"呢？因为正确理解马克

---

① 圣保罗，最具有影响力的早期基督教传教士之一，第一代基督徒的领导者之一，被认为是基督教历史上除耶稣之外最重要的人。《圣经·新约》中的大部分被认为是圣保罗所作。
② 《习近平总书记系列重要讲话读本》，学习出版社、人民出版社 2014 年版，第175 页。

思，是发展马克思主义的前提，而"原原本本学习和研读经典著作"，则是完整、准确地理解马克思主义的最好方法。实际上，我们对马克思主义谈论得太多了，而阅读得太少了！阅读经典这项工作，甚至应该"从娃娃抓起"，因为只有人生的第一个扣子扣好了，其余的扣子才能扣好。

第十七章

不忘初心，继续前进？

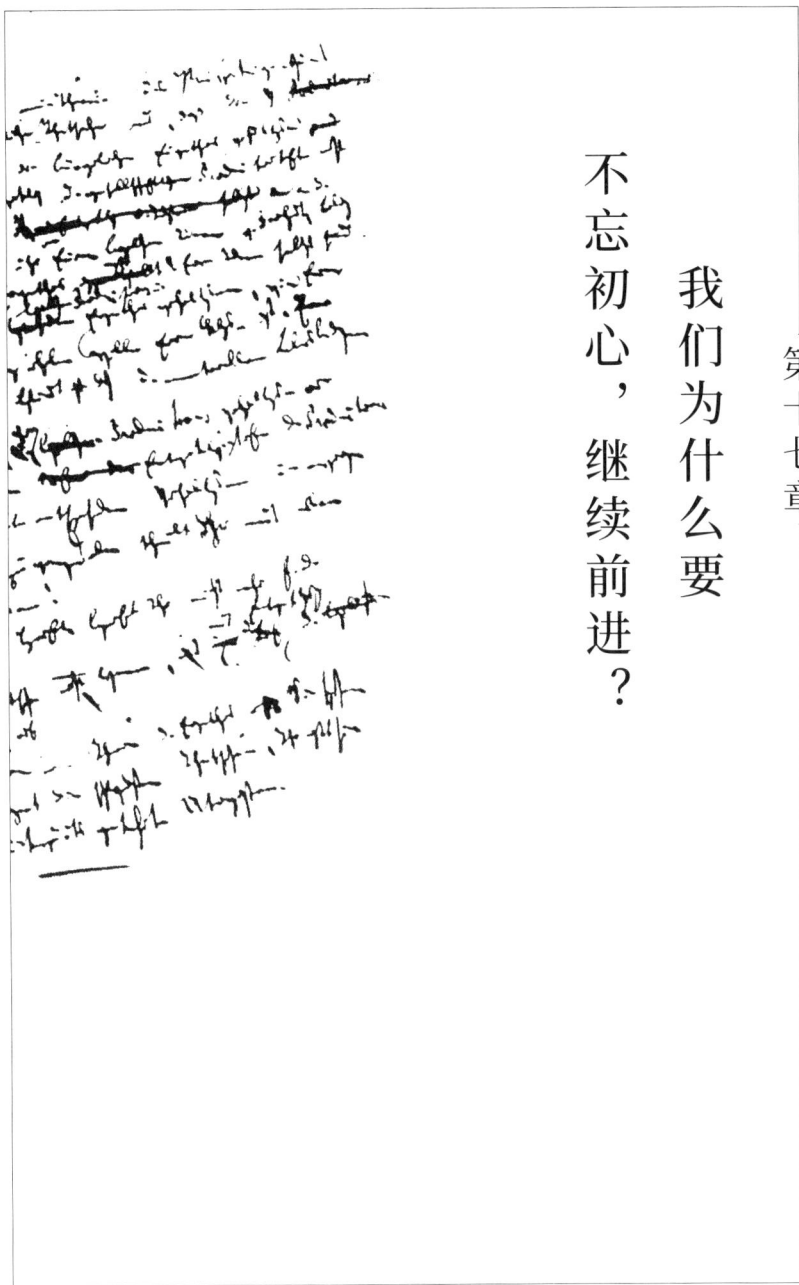

我们为什么要

历史上的中国长期是世界市场的开拓者和建设者，自汉代形成的一带一路，把中国与世界联系起来，而明代中期开始的大规模白银进口和商品出口，形成了第一次全球资本中心（欧洲、美洲）与生产中心（亚洲）的分离，从那以后，中国逐步地、被动地被卷入了世界资本主义体系。

1921 年，华盛顿会议召开，这次会议不仅是一次列强们分割中国利益的会议，实际上，这是国际资本——特别是美国、日本和英国资本瓜分中国土地和劳动力的会议，中国广大的劳动者和广袤的土地，成为了国际资本积累的源泉，为了争夺这一资本积累的源泉，列强们在残酷剥削中国人民的同时，也因为分赃不均而积极地准备新的世界大战。

也就是在那一年，中国共产党诞生了。资本主义掠夺世界，摧毁人类共同体的进程，从此逆转。

习近平总书记在庆祝中国共产党成立 95 周年大会上指出：

我们党已经走过了 95 年的历程，但我们要永远保持建党时中国共产党人的奋斗精神，永远保持对人民的赤子之心。一切向前走，都不能忘记走过的路；走得再远、走到再光辉的未来，也不能忘记走过的过去，不能忘记为什么出发。面向未来，面对挑战，全党同志一定要不忘初心、继续前进。①

什么是中国共产党人的初心？什么是我们党建党时的奋斗精神？我们为什么出发？

今天，这是每一位中国共产党人、每个中国人都必须深刻思考的根本问题。

1921年7月7日，《共产党》月刊第六号，发表了一篇数百字的《短言》。这篇电光石火般的文字，向全世界宣告：第一次世界大战，动摇了旧的资本主义世界体系，同时产生了美国和日本两个新兴的帝国主义国家，它们把帝国主义扩张的野心，"集注到东半球来"，即将召开的华盛顿会议（太平洋会议），就是帝国主义势力分割亚洲，特别是中国的会议。如今，新老帝国主义国家，为了扩张自己的势力，都要吸中国劳动者的血，都要使中国的土地和劳力，变成为世界资本主义发展的肥料，而当今之中国，面对着两个危局：一个是沦为日本的殖民地，一个则是沦为美国的殖民地。

为了避免这样悲惨的结局，《短言》号召全中国的劳动者们团结起来，"把这要破产的社会夺到我们手里来进行社会主义的改造"，而《短言》最后宣告："我们要扑灭世界资本主义，只有举行社会革命，建设劳工专政的国家，方能挽救当前的危机，免掉将来的苦痛！"

也就是在那一年，也正是那个月，中国共产党召开了第一次全国代表大会，宣告了中国共产党的诞生。

---

① 《习近平谈治国理政》第二卷，外文出版社2017年版，第32—33页。

那一年，毛泽东同志 28 岁，风华正茂，这正是参加党的一大 13 位代表的平均年龄。而历史是如此充满机缘，因为也正是经过了 28 年的浴血奋战，中国共产党带领中国人民，夺取了新民主主义革命的胜利，建立了新中国，使中华民族摆脱了半封建半殖民地的悲惨命运。

什么是我们党建党时期的奋斗精神？那就是挽数千年未有之大狂澜于既倒的精神，是为人民谋幸福，为民族谋复兴的牺牲奋斗精神，是改造旧世界、创造新世界的革命精神。

江山如此多娇，引无数英雄人物竞折腰。

那时的刘少奇同志，正由毛泽东同志创办的湖南俄罗斯研究会派遣，到上海外国语学社学习，并成为最早赴苏联留学的中国共产党早期干部。

而当时远在德国的天津《益世报》驻欧记者周恩来，则与正在法国勤工俭学的蔡和森等人一起，成立了少年中国共产党旅欧支部。

风雨如磐的暗夜里，就是这样出现了一线光明，先觉者们就是这样以血肉之躯，在沉重的历史闸门之上，撞开了一个缝隙，开辟出一条绝地逢生的道路，他们就是这样，向着未来、向着光明、向着民族解放和人类解放，不屈不挠地前进。

我们为什么出发？

先驱者们来自五湖四海，但是，他们却为了一个共同的信仰走到了一起，这个信仰，就是马克思主义。

指导我们思想的理论基础是马克思主义。而这就是因为：马克思主义是我们打碎旧世界、创造新世界的指南。

我们出发，就是为了在马克思主义指引下，去改造那个"一切人反对一切人"的、弱肉强食的世界体系。

习近平总书记指出：

　　指导思想是一个政党的精神旗帜。95 年来，中国共产党之所以能够完成近代以来各种政治力量不可能完成的艰巨任务，就在于始终把马克思主义这一科学理论作为自己的行动指南，并坚持在实践中不断丰富和发展马克思主义。这使我们党得以摆脱以往一切政治力量追求自身特殊利益的局限，以唯物辩证的科学精神、无私无畏的博大胸怀领导和推动中国革命、建设、改革，不断坚持真理、修正错误。不论是处于顺境还是逆境，我们党从未动摇对马克思主义的信仰。[1]

　　为有牺牲多壮志，敢叫日月换新天。而我们今天依然处在他们所开创的伟大历史进程中。

　　因此，我们依然需要深思并牢记：中国共产党与近代以来各种政治力量的根本区别究竟在哪里？

　　这里的区别就在于：我们信仰的是共产主义，而不是什么别的主义。

　　近代以来各种政治力量，即使是看起来似乎是进步的力量，其所诉诸的也不过就是资产阶级的"自由主义"、"民主主义"和"共和主义"，而不是社会主义和共产主义，而我们党诞生的时候，近代以来的中国所流行着的，主要就是这样的思想，近代中国所存在的较为进步的势力，也不过就是这样的政治力量。

　　为什么说——以往一切政治力量都不能不受到其自身特殊利益局限

---

[1]　《习近平谈治国理政》第二卷，外文出版社 2017 年版，第 33 页。

呢？马克思认为，这就是由于它们的主张都是建立在"市民社会"的基础上，从而不可避免地受到"利益导向"的市民社会法则的束缚。而我们党之所以能够以无私无畏的博大胸怀领导和推动中国革命、建设、改革，不断坚持真理、修正错误，从根本上说，这就是由于我们能够以辩证唯物的科学精神，超越旧世界的法则，特别是超越市民社会弱肉强食的法则，从而为人类的团结协作，提供科学的方案。

马克思曾经指出，"共和主义"与社会主义和共产主义的根本区别在于："共和主义"者们没有意识到，近代欧洲意义上的国家，就是"市民社会"的国家，就是管理资产阶级事务的委员会，那样的国家所遵循的，乃是利润竞争的市民社会法则，从而也就必然地、不可避免地在世界范围内掀起"一切人反对一切人的战争"。而社会主义和共产主义的目标，则是对这种"市民社会"的积极扬弃，这便是重建人类的团结与协作，如果用最简单的话来概括：这就是重建人类命运的共同体①。

在我们党建党 95 周年的历史时刻，习近平总书记再次向全世界重申了这一马克思主义基本原则，并在新的历史条件下，深刻阐述了建立人类命运共同体的重大命题。习近平总书记指出：

"中国主张各国人民同心协力，变压力为动力，化危机为生机，以合作取代对抗，以共赢取代独占。什么样的国际秩序和全球治理体系对世界好、对世界各国人民好，要由各国人民商量，不能由一家说了算，不能由少数人说了算。"

"中国始终是世界和平的建设者、全球发展的贡献者、国际秩序的维护者，愿扩大同各国的利益交汇点，推动构建以合作共赢为核心的新

---

① Gareth Stedman, *Karl Marx: Greatness and Illusion*, Penguin Random House, 2016, p.137.

型国际关系，推动形成人类命运共同体和利益共同体。"

"中国对外开放，不是要一家唱独角戏，而是要欢迎各方共同参与；不是要谋求势力范围，而是要支持各国共同发展；不是要营造自己的后花园，而是要建设各国共享的百花园。"

共产党人从来就不是乌托邦主义者。因为我们的力量源泉和社会革命的基础，就是全中国和全世界的劳动者。

马克思指出，要超越市民社会的法则，要建立人类团结协作的共同体，这需要前提，需要基础，而这里的前提和基础，首先就在于全世界劳动者联合起来、团结起来，而这种团结也需要坚实基础，而这个基础，就是劳动者能够支配和占有自己的劳动产品。

马克思是从人类历史发展的广阔视野，来阐释世界无产阶级的历史使命的。

他指出，在古希腊城邦中存在两个领域，一个是由家长所支配的家计领域（Oikos），一个是公民讨论公共事务的政治领域（Polis）——而同样的，现代社会也存在两个彼此对立的领域：一个是资产阶级所支配的私有财产的领域，一个则是全球公共事务领域。

与资产阶级不同，现代无产阶级从它产生起，就是为大家、为全世界而工作的——这是因为：现代无产阶级是伴随着"世界市场"的形成而产生的，因此，那种以为无产阶级是为了自己而工作的观点是错误的，而以为无产阶级是为了"老板"们而工作，这就是欺骗，而一旦无产阶级意识到：他们自己是为全世界而工作，他们就成为了现代公民——如果说，柏拉图、亚里士多德所谓的公民，是指城邦里的自由人的话，那么，马克思所说的现代公民，就是指无产阶级[①]。

---

① 参见《马克思恩格斯文集》第 1 卷，人民出版社 2009 年版，第 46 页。

马克思是在全面总结和批判人类一切精神成果的基础上，深刻阐述无产阶级的历史使命的。

在《黑格尔法哲学批判》中，马克思批判地指出：黑格尔认为，人类自由的基础，就在于"人能够支配物"，但是，马克思指出：在现实世界里，广大劳动者不但不能支配物，不但不能支配自己的劳动产品，而且，他们自己也沦为了商品、沦为了物，因此，人类解放的过程，人类争取自由的斗争，就必然地、深刻地体现为无产阶级和劳动人民掌握和支配自己的劳动果实和创造物的斗争[①]。

因此，马克思认为：进行社会主义革命，首先就必须建立劳动人民当家作主的政治制度，有了这样的制度，劳动者的解放才会有政治上的保障。

而我们中国共产党人就是这样做的。我们的革命，就是为劳动者求解放。

习近平总书记指出：

> 坚持不忘初心、继续前进，就要坚信党的根基在人民、党的力量在人民，坚持一切为了人民、一切依靠人民，充分发挥广大人民群众积极性、主动性、创造性，不断把为人民造福事业推向前进。
>
> 使改革发展成果更多更公平惠及全体人民，朝着实现全体人民共同富裕的目标稳步迈进。
>
> 尊重人民主体地位，保证人民当家作主，是我们党的一贯主张。[②]

[①] 参见黑格尔：《法哲学原理》，商务印书馆 2014 年版，第 51 页。

[②] 《习近平谈治国理政》第二卷，外文出版社 2017 年版，第 40 页。

1918年，马克思诞辰100周年的时候，毛泽东来到北京大学，从李大钊那里，他了解和接受了马克思主义。

然而，马克思主义与中国的机缘远不止于此。

正是马克思援引黑格尔的"两极相连"原理，辩证地阐述了中国与西方的关系。他认为，中国与西方处于"两极相连"的关系之中，能够对西方世界之命运产生决定性影响的，就是中国。这里所谓"相连"，就是指中国是个巨大的市场，"如果有一个大市场突然缩小，那么（西方经济）危机的来临必然加速"，反之，如果中国的市场扩大，全球经济就会增长①。

正是马克思指出：中国的发展方式决定了：共同体乃是个人发展的前提和基础，个人发展必须以共同体的维护和发展为前提，个人发展，必须以融入共同体为前提。但是，在日耳曼发展方式中，却是私人利益的发展为共同体的形成制造了前提，在那里，共同体总是"暂时性的"，而为了私人利益的发展，可以破坏乃至摧毁共同体——也正是从这样一种发展方式中，方才产生了"市民社会"的——或资本主义的发展方式②。

因此，我们理解"道路自信、理论自信、制度自信和文化自信"，就需要有马克思那样广阔的历史视野，实际上，也只有理解和掌握马克思的这些经典论述，我们才能深刻理解习近平总书记的深刻论断：文化自信，是更基础、更广泛、更深厚的自信。在5000多年文明发展中孕育的中华优秀传统文化，在党和人民伟大斗争中孕育的革命文化和社会主义先进文化，积淀着中华民族最深层次的精神追求，代表着中华民族

---

① 《马克思恩格斯文集》第2卷，人民出版社2009年版，第610页。
② 《马克思恩格斯文集》第8卷，人民出版社2009年版，第123页。

独特的精神标识。

道路从来不是凭空产生的，自信从来不是没有历史依托的。实际上，只有从世界社会主义运动波澜壮阔的历史中，我们也才能更为深刻地理解中国特色社会主义理论，才能更加深刻地理解改革开放的伟大历史进程。

正像我们的革命与建设一样，中国的改革开放，同样是中国历史发展的必然结果，是中国革命和建设发展的必然结果。

中国的改革开放，是在 20 世纪 70 年代美元与黄金脱钩、布雷顿森林体系崩溃、美国陷入空前的经济危机这种国际大背景下展开的，改革开放是中国人民在中国共产党领导下，经过长期的革命、建设，打破以美国为首的西方势力严酷封锁的结果，我们的改革开放是主动的，不是被动的。

中国改革开放，其目标就是建立人类命运和利益共同体，而不是瓦解和摧毁人类命运共同体，而资本主义数百年发展的历史，却是一部到处摧毁人类共同体的历史。

通过改革开放，中西文明进行了深刻的交融与交汇，使世界经济和中国经济得到了飞跃性发展，改革开放的辉煌历史再次证明：封锁、孤立、贸易保护主义、冷战思维，不得人心，只有打破壁垒，团结协作，人类才能有光明的未来。

通过改革开放，中国劳动者第一次以全球商品生产主体的姿态，出现在世界历史舞台的中心，中国劳动者的群像，甚至登上了美国《时代周刊》的封面。今天，中国对世界经济的贡献，已经超过了 30%，中国已经成为世界第二大经济体。

但是，我们必须清醒地看到：当中国劳动者成为世界商品生产主体的时候，世界商品生产与交换的主要规则，还掌握在少数发达国家手中。我们必须清醒地看到：世界货币生产与交换的权力与规则，还掌握在以华尔街为核心的资本金融集团手中。我们必须清醒地看到：自西方资本主义世界体系产生以来，世界生产中心与资本中心相分离的状况，还没有得到根本性的改变，这就是全球发展不平衡的根源所在，由于这种不平衡和不充分，广大发展中国家，依然面对着基础设施短缺、资金短缺的发展困境。

当今世界，处于更为根本性的历史转折关头，当今人类，面临着一些前所未有的问题，而面对这些问题，我们不是束手无策，更不是堕入空想，现实和历史都告诉我们，破解当前问题的动力，就在于找回我们奋斗的初心，就是要从辩证唯物主义和历史唯物主义的科学理论中，去寻找破解现实问题的答案。

当年，正是为了使世界无产阶级和劳动者能够团结起来，以"国际"的方式，参与世界商品生产交换规则的制定，参与国际资本规则的制定，马克思和恩格斯方才亲手创立了共产主义的第一个国际。因为马克思深刻认识到：要使劳动者能够支配自己的创造物，要使人支配物，这不仅需要建立劳动者的政权，不仅需要在世界范围内建立劳动者的联合——以支配商品生产与交换，从根本上说，这还需要实现劳动对于资本的支配，只有劳动者的联合壮大到了这样的程度——能够在世界范围内掌握和支配资本，才能真正谈得上破除"资本拜物教"这种最大的"物的支配"。

马克思和恩格斯在《共产党宣言》中这样预言：

> 资本是集体的产物，它只有通过社会许多成员的共同活动，而且归根到底只有通过社会全体成员的共同活动，才能运动起来。
> 因此，资本不是一种个人力量，而是一种社会力量。

因此，把资本变成公共的、属于社会全体成员的财产，这并不是把个人财产变为社会财产，这里所改变的只是财产的社会性质。它将失掉它的阶级性质①。

然而，在《共产党宣言》发表的那个时代，世界上还没有劳动者当家作主的国家，而在此后历史漫长的过程中，世界上也还没有一个社会主义国家，能够对世界经济的贡献超过 30%，实际上，在人类历史上，还从来没有一个社会主义国家，像今天的中国这样，能够成长为世界第二大经济体。

这就是我们的奋斗，这就是我们的道路，这就是我们中国共产党人对于人类所肩负的使命、作出的伟大贡献。因为世界上没有一个马克思主义政党，在建立了人民当家作主的国家的过程中，付出了 28 年浴血奋战的代价；世界上没有一个社会主义国家，能够顶住世界两大霸权的全面封锁，独立自主地建立起现代化的国民经济体系；世界上也没有一个社会主义国家，像中国一样，通过 40 年改革开放，成长为世界商品生产与交换的主体。

更为重要的是：世界上没有哪一个政党，当然没有哪一个马克思主义政党，能够以 8900 多万党员的规模，历经风雨沧桑，在建党 95 周年时，向全世界庄严宣示：为人民谋幸福，为民族谋复兴，为建立一个团结协作的人类命运共同体，不忘初心，继续前进。

习近平总书记指出：

全党要坚定道路自信、理论自信、制度自信、文化自信。当今

---

① 《马克思恩格斯文集》第 2 卷，人民出版社 2009 年版，第 46 页。

世界，要说哪个政党、哪个国家、哪个民族能够自信的话，那中国共产党、中华人民共和国、中华民族是最有理由自信的。有了"自信人生二百年，会当击水三千里"的勇气，我们就能毫无畏惧面对一切困难和挑战，就能坚定不移开辟新天地、创造新奇迹。①

这是中国共产党人对于人类历史的庄严承诺，是人类历史进入新时代的号角。

今天，在以习近平总书记为核心的党中央的领导下，中国进入了新时代，世界进入了新时代，马克思的事业进入了新时代。

改革开放再出发，"一带一路"和"亚投行"的伟大实践，使世界生产中心与资本中心的结合，第一次成为了可能，它触及全球发展不平衡的根源，并为从根本上解决这种不平衡和不充分，提供了现实的制度保障，这是人类历史上第一次找到了一条不同于资本主义全球化的新的、另外一种全球化道路，找到了一条更为公平、更为全面，通向人类命运和利益共同体的发展道路，从而划出了人类历史的新时代，它终将改变世界资本和投资的流向，它已经成为世界经济发展和世界和平的根本保障。

中国共产党所提出的全球治理方案，正在为全世界追求和平与发展的人们所欢迎和接受。得道多助，失道寡助，历史规律不可抗拒。

改革开放进入深水区，"五位一体"和"四个全面"互相促进，统筹联动，完善的中国特色社会主义制度正在形成。我们已经找到了一条不同于资本主义的，更好、更快、更讲道德、更有利于绝大多数人利益的发展道路。

---

① 《习近平谈治国理政》第二卷，外文出版社 2017 年版，第 36 页。

在中国共产党的带领下，中国人民正在与世界各国人民一起，为建立一个团结协作的人类命运共同体而奋斗。在这条道路上，我们已经奋斗了近百年了。

而今迈步从头越，在习近平新时代中国特色社会主义思想的指引下，中国共产党和中国人民，正在稳步地、不屈不挠地，将《共产党宣言》的伟大构想变成现实。

回望来路，我们感慨万千；面向未来，面对挑战，我们坚信："历史总是要前进的，历史从不等待一切犹豫者、观望者、懈怠者、软弱者。只有与历史同步伐、与时代共命运的人，才能赢得光明的未来。"下定决心，不怕牺牲，排除万难，去争取胜利——我们充满信心。

而我们的信心，从根本上说，就来自我们伟大的党和人民，经历千辛万苦，经历不懈奋斗，在今天这样一个世界历史的重大转折关头，形成了习近平新时代中国特色社会主义思想。

习近平新时代中国特色社会主义思想，是对马克思主义的继承、发展与创新，是对中华优秀文明的继承、发展与创新，是对人类现代哲学社会科学体系的继承、发展与创新，是指导我们事业前进的理论基础。

"伟大也要有人懂"。我们必须在忘我的工作中，在克服前进道路上艰难险阻的奋斗中，在波澜壮阔的实践中，不断加深对习近平中国特色社会主义思想伟大意义的认识。

"相信人民，相信党"。我们必须对马克思主义真学真懂真信真用，我们必须对习近平新时代中国特色社会主义思想，真学真懂真信真用。

今天，我们的党和人民，取得了前所未有的成就，而我们同时必须清醒地看到，今天，我们的党和人民，也承受着前人所未能承受之重。我们必须坚持下去，我们必须努力奋斗。因为我们正置身于人类解放的壮丽事业之中，生逢伟大时代，不辜负伟大时代，这是我们的宿命，是我们的天命。

历经千辛万苦，历经艰难曲折，中华民族伟大复兴的事业，将在我们手中实现，马克思的事业，人类解放的宏愿，将通过我们的工作，发扬壮大，无数革命先烈和志士仁人，在我们的前头英勇的牺牲了，今天，让我们高举起习近平新时代中国特色社会主义思想的伟大旗帜，继往开来，奋勇前进。

此时此刻，我们不禁想起毛泽东同志的话：我们正在前进。我们正在做我们的前人从来没有做过的极其光荣伟大的事业。我们的事业是正义的，正义的事业，是世界上任何敌人也攻不破的。我们的目的一定要达到。我们的目的一定能够达到！

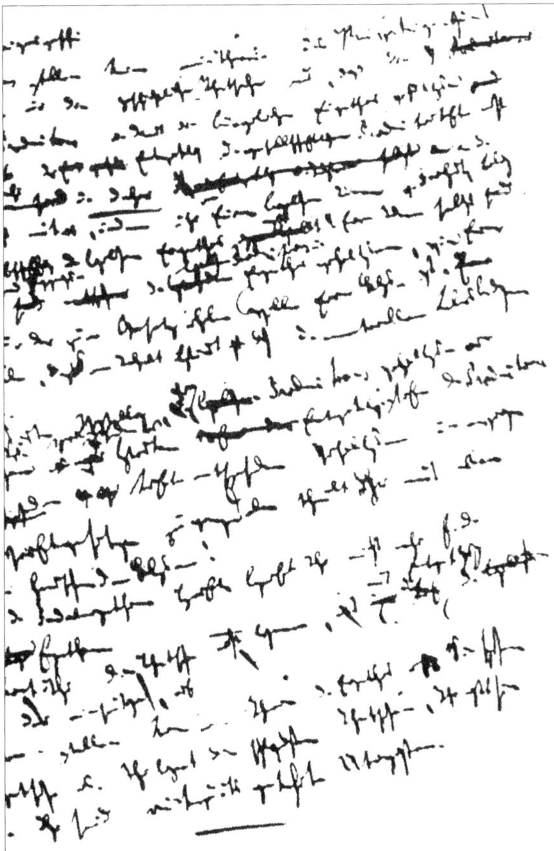

结语

有这样一个真实的故事，说的是某一天，耶鲁大学金融系年轻的系主任悄悄溜进了霍华德·布鲁姆的文学课堂上听讲。在耶鲁，布鲁姆的课是最叫座的，这位老先生是《西方正典》（*The Western Canon*）的作者，据说上知天文下知地理，凡是地球上发生过的事，没有他不知道的。

　　那堂课讨论的是莎士比亚的《威尼斯商人》，文学才俊们天马行空的想象力把金融系年轻的主任吓傻了，他发现大家随手拈来的那些前卫理论他竟从未听说过，坐在布鲁姆的课堂上，他自己仿佛就是一个白痴。最终，当文学才俊们竟然读出该剧的两位男主人公（安东尼奥和巴萨尼奥）原本是一对同性恋人时，来自金融系的小伙子彻底崩溃了。

　　而当课堂讨论轮到年轻人发言时，这个成天与钱打交道的"俗物"只好胆怯地提了个傻问题：老师，请问夏洛克借钱给安东尼奥，这笔交易的利息究竟是多少呢？

　　可想而知，这提问的效果就仿佛是公牛闯进了客厅，在一片哄笑之后，布鲁姆老先生满面通红地回答说：啊哈——你还真把我给问住了，年轻人，《威尼斯商人》中有这个问题吗？

金融系的小伙子回答说：当然有。因为剧本中明白地说，这笔借贷的利息是零。

这一回，轮到全场都吃惊了，包括无所不知的布鲁姆，大家一齐把目光转向教室角落里那个胆怯提问的年轻人——为什么呢？

金融系年轻的系主任这样回答说：因为夏洛克借钱给安东尼奥，并不是因为要获得利息，他不是要获得金钱的回报，他要获得的，只是他们（夏洛克与安东尼奥）之间的信任，他要获得的东西叫"信用"，而信用是比金钱更宝贵的东西，它是社会关系的实质，"信用是道德化的货币"。

布鲁姆再次问道：这话是你发明的？

无所不知的布鲁姆先生，这一回是您错啦！

来自金融系的年轻人讷讷地回答说：当然不是我发明的，因为那是卡尔·马克思说的。不过，我要补充的只是，据我观察，安东尼奥并不是同性恋者，但他确实是一个没有信用的人。这个人的没有信用，不仅表现为他对夏洛克随口许诺，而且，在鲍西娅刚刚为他打赢了官司之后，他再次对这个美丽的女人随口许诺。而一个对女人随口许诺的男人，绝不可能忠于爱情，因为他在日常生活中从来没有信用。《威尼斯商人》是关于法律的故事，也是关于爱情的故事，但最终，是关于信任和信用的故事。

说罢这一切，来自金融系的年轻人站起来，跌跌撞撞地走出了课堂，把那些目瞪口呆的文学才俊们留在了身后。

不知为什么，这位年轻的系主任让我想起了青年时代的马克思，或许因为马克思也是莎士比亚的热心读者吧，尽管他从莎士比亚的作品中读出了历史唯物主义和辩证唯物主义，而不是花边新闻。

2015 年 11 月 15 日，在中信集团年度庆典上，我遇到了一位像马克思那样阅读西方经典的人，他就是风靡全球的畅销书《21世纪资本论》的作者托马斯·皮凯蒂。当得知我是一个教文学的教授时，他非常高兴，那一晚我们讨论的问题几乎都是文学，但却是文学系绝对不会讨论的那种"文学"。

皮凯蒂问我怎么评价他的书，而我的回答令他笑红了脸，因为我告诉他，他的巨著最有价值的部分，就是精确地计算出：要出入简·奥斯汀小说中所描述的沙龙，每年的收入必须是多少钱（不能低于1000英镑）；如果娶了巴尔扎克笔下那位"高老头"的女儿，那就等于娶了多少嫁妆（最低也超过10万法郎）；在马克思那个时代，金融资产在有钱人财富中所占的比例究竟是多少（三分之二以上）。

对我来说，世界上最高的写作境界，其实就是从文学的角度分析经济，同时，又能够以经济的角度分析文学经典，这里的典范就是马克思，而最高不可及的范本，当然就是《共产党宣言》。

观察我们这个世界，需要经济学这把利器，而表述我们这个世界，则离不开文学的才华横溢。正像皮凯蒂的著作那样，我们今天需要关于这个世界的全新的叙述，我们需要面向21世纪的马克思主义，需要面向新世界、新时代的社会主义。

如果把社会主义与资本主义简化为一个"需求"与"欲求"的问题，那么可以这样说，任何制度要想存在下去并取得发展，都必须把满足大多数人的基本生存需求放在首位。当然，这就是马克思所说的：物质生产进步的前提是人们的社会再生产，即只有在满足人们吃饭、住房、看病等要求的前提下，才能指望他们去劳动、竞争、发展、赢利乃至于投机。

如此一来，社会主义的道理就变得极其简单朴素了，因为它就是人类文明存在的基础与前提。

要满足共同体成员最基本的生存需求，起码的公共财富便是必须的，发展公共事业就是必要的。但是，在我们身处的这个世界上，积累公共财富、发展公共事业，却仿佛是一件最为困难的事情，回顾迄今为止的人类发展史，我们不禁怅然，因为在这方面成功的经验似乎很少。

毫无疑问，美国所掌握的巨大财富，为解决美国大众的基本"需求"创造了前提，但是，全世界人民也都知道，美国获取如此巨大的财富的方式如果不是自私卑劣的，也是无法仿效的。美国是世界上唯一的军事和金融霸权，美国的一切"好东西"——包括"美国精神"，都是美国富裕的结果，而不是原因，而这种富裕，很大程度上是由美国霸权带来的。

而西欧的没落表明：如果不能像美国那样通过霸权的方式获得财富——即从外部获得财富，那么，在资本主义体制下，就几乎找不到满足公众基本福利要求的方式，如果有，那只能通过欺骗，即开空头支票。

第二次世界大战结束以来，西欧国家所实行的自由民主制度最终走向失败的根源，就在于此，即国家只能通过"撒钱"的方式提供社会福利、化解社会矛盾，但是，由于西欧国家的货币政策没有公共财政的支持，而国家财政又没有公共资产的支持，所以，到头来，"撒钱者"最终就只不过是空头支票的提供者。

罗伯特·达尔的名著《政治、经济和福利》，简要地揭示了自由民主制度在欧美陷入危机的真正原因所在：第二次世界大战以来，西方的选举政治为了讨好选民，造成了对社会福利无止境的许诺，而这些许诺都要通过中央财政的透支，或通过国家银行印钞（即通货膨胀）来解决，而最终的结果就是：中央财政的大规模赤字和严重的通货膨胀，使经济发展丧失了动力。

正是自由民主制度的危机、国家财政的破产，导致西方社会告别了战后的福利国家制度，向着马克思所深入分析过的原始的资本主义回归，而新自由主义就是这种原始的资本主义的当代还魂。

新自由主义在经济上的出发点是：如何处理财政与信贷的关系，其核心论点是：一、中央财政必须退出乃至"休克"；二、调控经济，只能依赖信贷这一只手；三、国家必须放弃对信贷和资本的管制，信贷应该交给私人金融机构和市场。

20世纪70年代末，保罗·沃克尔担任美联储主席后，美国的全球政策发生了根本性调整。越南战争的惨痛记忆，使美国不再把战争作为积累财富的首选，转而依赖金融资本这一只手吸纳世界财富。正是利用金融自由化的武器，美国使拉美国家陷入债务危机，并成功地把苏联的经济吸引到美国主导的国际资本市场，在私有化苏联企业的同时，残酷地瓦解了俄罗斯复兴的基础。通过发动亚洲金融危机，美国成功地制服了其东亚盟友的"离心倾向"——而最终，资本自由化政策也反过来严重地打击了美国的实体经济，这突出表现为：资本收入增长的速度，大大超过了经济增长的速度，按照皮凯蒂的计算，自2010年以来，全球财富不平等程度已经达到了历史上的最高点，即与最不公平的1900—1901年之间相当。今天，最富的0.1%人群拥有全球财富总额的20%，最富的1%人群拥有全球财富的50%，最富的10%人群则拥有全球财富总额的90%，而人类人口的一半所拥有的财富额还不到总额的5%。

进入新世纪以来，新自由主义思潮成为西方思想界批判和讨伐的对象，"马克思的回归"成为一个世界性话题。诺贝尔经济学奖得主的变化，说明了这一点，而年轻的法国经济学家托马斯·皮凯蒂的《21世纪资本论》的热销，也从一个侧面说明了这一点。

至今难忘，2008年我在纽约百老汇大街一家书店门口排队买《资本论》时的情景，书店橱窗的海报上写着："马克思所说的都应验了！"

皮凯蒂认为：资本自由化政策导致了"资本收益"大大超过了"经济增长速度"，这就是西方经济社会崩溃的真正原因，西方要摆脱危机，就绝不能再依赖放任资本和信贷自由化，而必须加强中央财政的力量。但可惜的是，西方没有公共资产，于是，在目前财政赤字严重的情况下，扩大财政收入的办法只能是针对 0.1% 的食利者阶级征收"资本累进税"——而那正是《共产党宣言》所首倡的社会改造方案。

实际上，皮凯蒂的设想在今天的西方是无法实施的。在资本自由化的时代，"避税天堂"遍布天涯海角，对客户的信息严格保密，这是私人银行所坚守的最基本的底线。而当今世界各国，实际上都没有找到对虚拟经济、互联网金融进行课税的办法。而更为重要的是：对私人资本征税，固然有利于摆脱当前西方的经济困境，却从根本上威胁了西方的基本政治制度，即私人资本主义制度。奥巴马一系列改革政策的失败，恰恰就体现了这一深刻矛盾：经济上的改革，深刻地受制于西方的私人资本主义政治框架。

在资本自由化的今天，由于资本市场的高度流动性、虚拟性，对金融资本征高额累进税几乎是完全做不到的，而如此一来，增加的税收只能加在辛苦劳作的美国中产阶级身上。法学教授出身的奥巴马清醒地知道，如果不致力于社会公平的改革，那么，美国下层的民众就会起来造反，而既要维护最上层统治集团的利益，又要避免下层造反起义，那就只能牺牲美国中产阶级的利益。当年，正是这些人抛弃了小布什选择了奥巴马，而今，要把奥巴马拉下台的，也是同样一批人——美国中产阶级。

今天，全世界的劳动者所面临的处境其实是一模一样的，正如马克思在一百三十多年前所揭示的那样：超强度的辛苦工作，而教育、医疗和住房等基本生存要求得不到保障。中国普通劳动者的处境并不例外，而如果看不到或者不承认这一点，我们就不是一个马克思主义者。

但是，如果中国的发展能够为这个世界提供什么启示的话，那就是：中国改革的根本目标，是完善、发展中国特色社会主义制度。习近平宣告说，我们的制度是社会主义制度，而不是别的什么制度。而在中国基本的制度框架中，依然包含了解决这些问题的可能性。

中国的社会主义市场经济制度与西方私人资本主义制度的基本区别究竟是什么呢？我认为，在这个问题上，没有比2001年诺贝尔经济学奖得主迈克尔·斯宾塞讲得更好的了。他说：区别就在于中国有"公共资本"（公共储备和政府储备），而西方只有"私人资本"。因为中国有公共资本，只要公共资本保值、增值，那么，中国非但不必增税，即使减税也能扩大中央财政的力量，从而使中央财政能够为中国经济社会的健康发展，提供强有力的支撑；但西方却没有公共资本，要想扩大公共财政的盘子，就只能向私人资本征税，而这在政治上必然是行不通的。

他这样说：中国的居民储蓄达到了国内生产总值的一半，加上土地、国有企业所有权和控股权（其中有78家进入了世界500强）和其他资产，正是这一公共资本能够使中国维持高水平投资以支持其经济增长，这是中国面对1997—1998年亚洲金融危机和2008年全球经济危机能够安然度过而没有货币贬值的关键性因素。

什么是当代中国人对马克思主义的发明呢？我想，其中相当重要的一点就是紧紧抓住了财政、信贷和现代企业发展这三者之间的关系，关键就在于中国共产党能够认识到：马克思反对的是"资本主义"而不是"资本"，这就是因为在中国，资本有"公共资本"和"私人资本"之分。中国共产党人的一项重要发明，恰恰表现为：我们能够通过建立现代企业制度，管理好公共资本，并使其保值、增值，这样一来，就会出现所谓的"国进民也进"，而不会出现西方式的矛盾：公共财富的增长，必然要通过剪私人资本的羊毛来达到。

迈克尔·斯宾塞的论断，清晰地回答了如下问题：

一、我们为什么不能把公共资产（国有企业、国有土地、国有银行）私有化，为什么拥有公共资本是我们的长项。二、所谓党管资本，就是对公共资产进行资本化管理，为的是使其保值、增值，而这正是"现代企业制度"的核心。三、中国经济社会发展的关键，就在于企业的发展。我们的企业不仅要承担经济责任，而且也要担负起社会责任。而一个企业的命运，归根到底是由劳动者的地位、劳动者之间的关系，以及他们与企业之间的关系来决定的。中国特色社会主义企业，应该把"建立劳动者的自由联合体"，作为自己努力奋斗的目标。

有些人宣称不懂得社会主义市场经济是指什么，实质上，这是因为这些人不懂得：良好的货币政策，依赖于健康的财政状况，而稳定增长的财政，既依赖于私人和民间资本的活跃，更依赖于公共资产的不断保值和增值。他们不懂得：在中国，市场经济的健康发展、个人自由和私人财富的增长、低税率和不断推出的税收减免政策，就建立在公共资产的不断增值之上；在中国，正是公共财富的积累，保证、促进了私人财富的增长，而绝不是相反。而且，他们还不懂得：企业基层党组织的建设，是维护劳动者主体地位、保证中国企业健康发展的一个重要组织手段，这也是中国特色社会主义制度的一个基本特征。

好吧，马克思的故事就讲到这里啦！现在，就是把这本小册子，交给读者去评判的时候了！

如果有人说：这本关于马克思的书尽管很有趣，不过，按照作者的看法，马克思似乎还是个"完人"呢！

马克思当然不是完人。马克思从来都拒绝根据"关于神、关于标准人的虚假观念"去评判一个人。实际上，今天在相当一部分人眼里，马克思依旧还是那个令人恐惧、使人不解的"幽灵"。果真如此，那么，我所写的就不过是一本关于"幽灵"的书，是一本关于"特立独行者"的"特立独行的书"，而绝不是吹牛拍马、歌功颂德、迎合时尚的书。

最后，我们也许终于可以回答本书开头所提出的第一个问题了——马克思究竟是谁呢？

正像马克思主义是在欧洲游荡的幽灵那样，卡尔·马克思是一位在西欧各地流亡，没有"绿卡"的知识民工。他是知识分子中最辛勤的劳动者，也是劳动者中最博学的知识巨人。

他是未完成的、伟大的《资本论》的作者，他出身于豪门世家，但毕生生活得如同无产阶级。

我不想说他是神，是完人，我想说的是，他是一位感人的人，是一位感天动地的男子汉，他的著作感动了全人类。一代又一代人将不断地、批判地接受他思想的洗礼，无数高尚的人在刑场和牢狱里背诵着他的话笑对死亡，那些英俊的男人和美丽的女人，在他的鼓舞下，前赴后继地去探索人类解放的道路，正像他17岁时所预言的那样，这些受尽磨难的、高尚的男人和女人，在他的骨灰面前，洒下了坚强者所独有的热泪——泪飞顿作倾盆雨。

马克思主义是人类历史上最博大精深的学问，但马克思本人却对"小册子"情有独钟，他认为如果不能转变为言简意赅、直指人心的"小册子"，所谓的博大精深也只能是供老鼠批判的东西。

"小册子"固然被道貌岸然的博学鸿儒们所不齿与不屑，但是，把如此的博大精深转变为"小册子"，这需要怎样的一种勇气和能力啊！

在修订本书时，我拜托北大图书馆再次找出了1919年的《新青年》杂志第6卷5号，即著名的《马克思主义专号》，而那本杂志，正是中国第一份讲述马克思故事的小册子。重读那些电光石火般的文字，我深感我们的"五四"前人最伟大之处，就是在纷至沓来、泥沙俱下的各种人类思潮中，为灾难深重的中国，选择了马克思主义，而从那时起，"马克思的故事"就变成了"中国的故事"，成为了我们自己的故事，正像我们北大的"第一校友"毛泽东说过的那样：从那时起，中国的面貌就焕然一新了。

抚摸着从历史纵深处走来的泛黄的书页，我想象着马克思复活于当世、复活于人间的形象。恩格斯的名言在我耳边隆隆回响：卡尔·马克思，"他的英名与工作将数百年持续地存在下去"，而他的思想，将无情地照亮历史——这"满载愚人的船只，向着命运驶去，这命运，就是我们所面临的革命"。

跋

一个中国人，他对马克思的第一印象通常是标准像上那部雄狮般的胡子。中国传统中，长须是年高德劭的标志，所以，在我的少年印象里，马克思是老的，他生于将近两百年前，似乎他的胡须在这两百年间一直在茂盛生长。

到后来，读了马克思的书、对马克思有所了解之后，我忽然意识到，这里边有严重的错觉，马克思的确有一把大胡子，但是马克思不老，他永远不会老，因为他是人类青春激情的恒久象征和希望，他的生命和他的著作体现着青春焕发的理想：人应该而且能够去改造世界，以不屈的意志为公正美好的社会、为全人类的自由和解放而斗争。

所以，过去一百多年来，无数青年成为了马克思的追随者，成为了马克思主义者，他们在马克思的思想中获得"钙"、获得坚强的"骨骼"，在精神上挺立起来。

马克思的思想永不衰老，它不仅针对着马克思所生活的 19 世纪，更重要的是，它揭示着人的过去、现在和未来。马克思的书不是僵硬的经文，它们指出了方向和道路，提供了世界观和方法论，指引着一代又一代人面对自己的时代，不断思考和实践，正是在这种思考和实践中，马克思主义证明着它永不枯竭的活力。

在韩毓海教授的这本《伟大也要有人懂》中，马克思的论述如同写在今天：在这个全球化、互联网、市场经济的时代，马克思依然如一盏明灯，清晰地照亮了我们的世界。他何尝老去，他就在我们中间，他依然与我们息息相关，依然是所有对人类的未来怀着美好梦想的人们之中最具智慧和洞见、说出了最有力的真理的那个人。

通向真理的路从来都是崎岖的，就像我们从这本书里所知道的，马克思毕生为探求真理作出了艰苦卓绝的努力。同样，走进马克思、走进马克思的书也是困难的。那毕竟是写于一百多年前的书，那毕竟是汇集了人类思想最精深成果的著作，对任何一个读者来说，那都不是轻松愉快的风景，那是高山、是大海，是考验着人们知识、智力、意志的艰难跋涉。

我记得，在 20 世纪 70 年代，我还是个十三四岁的初中生时，不知天之高，不知地之厚，立志要读《资本论》，而且在同学中组织了一个学习小组。这一壮举的过程我现在已经记不清了，反正最终结果是望而生畏、不了了之。

但是，如果在那时、在我的少年时代，读到了这本《伟大也要有人懂》，那又会怎样？

我想，在这晓畅明白读得懂的文字和道理中，我会更早、更充分地领略马克思的魅力，那是思想的强大魅力，将会吸引着、引领着我们继续前行，终有一天，当我们足够强壮时，我们就会独自远行，会自己拿起那一本本大书，去直接攀登高山、越过大海，去认识马克思。

"伟大也要有人懂"，这是鲁迅的话。这句话中既包含着召唤，也包含着责任，那些伟大而精深的道理应该被人懂，也应该有人艰辛劳作，把通往真理的路修得相对平坦。响应这个召唤、承担这份责任，其实是很难的事。在这本书中，我时时能够感到，在通俗易懂的表述背后，作者韩毓海教授付出了沉重的努力，每一个段落都包蕴着许许多多的书，都是对马克思浩瀚思想的提炼和把握。韩毓海教授所做的，不仅是把马克思的思想通俗化，更重要的，他是站在马克思的书中，与这个时代、与这个时代的人们对话。

结果，我们看到的是一次热烈激越、充满启发和教益的贴心长谈。

我确信，许许多多的人会由此刻骨铭心地记住马克思，马克思的理想和事业会像过去一百多年一样，深刻地融入一代又一代人的青春，他的道理和他的信念，会在今后漫长的人生道路上指引着我们，像无数前辈那样行动起来，让我们的世界变得更美好。

李敬泽

中国作家协会副主席

顾　　问：郝　平
策　　划：黄书元　李学谦
统　　筹：崔继新
责任编辑：曹　歌　王　燕
责任校对：方雅丽
装帧设计：瞿中华

图书在版编目（CIP）数据

卡尔·马克思：纪念版／韩毓海　著 . — 北京：人民出版社，2018.4
ISBN 978－7－01－019298－7

I.①卡…　II.①韩…　III.①马克思（Marx，Karl 1818–1883）– 传记
　IV.① A711

中国版本图书馆 CIP 数据核字（2018）第 071610 号

卡尔·马克思
KA'ER MAKESI

（纪念版）

韩毓海　著

人民出版社　出版发行
中国少年儿童新闻出版总社
中国少年儿童出版社

（100706　北京市东城区隆福寺街 99 号）

山东鸿君杰文化发展有限公司印刷　新华书店经销

2018 年 4 月第 1 版　2018 年 4 月第 1 次印刷
开本：710 毫米 ×1000 毫米 1/16　印张：16
字数：192 千字　印数：00,001–30,000 册

ISBN 978－7－01－019298－7　定价：58.00 元

邮购地址 100706　北京市东城区隆福寺街 99 号
人民东方图书销售中心　电话（010）65250042　65289539

.